Das Buch

Vier Personen – drei Männer und eine Frau – agieren und reagieren in dieser Novelle um Liebe, Treue, Freundschaft und menschliche Begierde: der alternde Joe Saul, der unter der Kinderlosigkeit seiner Ehe leidet; Mordeen, seine junge Frau, die ihn bis zur Selbstverleugnung liebt und seinen Kummer auf ihre Weise zu beseitigen beschließt; Ed, der treue Freund; und Victor. Die Schauplätze wechseln – ein Zirkuszelt, eine Farm, ein kleiner Frachter – und machen deutlich, daß das, was hier geschieht, sich überall ereignen kann, unabhängig von den äußeren Lebensumständen.

Der Autor

John Ernst Steinbeck, amerikanischer Erzähler deutsch-irischer Abstammung, geboren am 27. Februar 1902 in Pacific Grove bei Salinas, wuchs in Kalifornien auf. 1918–24 Studium der Naturwissenschaften an der Stanford-Universität, Gelegenheitsarbeiter, danach freier Schriftsteller in Los Gatos bei Monterey. Im 2. Weltkrieg Kriegsberichterstatter, 1962 Nobelpreis für Literatur, gestorben am 20. Dezember 1968 in New York.

W0032609

John Steinbeck:
Die wilde Flamme
Eine Schauspiel-Novelle

Deutsch von Ilse Krämer

Deutscher
Taschenbuch
Verlag

Von John Steinbeck
sind im Deutschen Taschenbuch Verlag erschienen:
Früchte des Zorns (10474)
Autobus auf Seitenwegen (10475)
Geld bringt Geld (10505)

Ungekürzte Ausgabe
Januar 1986
Deutscher Taschenbuch Verlag GmbH & Co. KG,
München
Lizenzausgabe mit freundlicher Genehmigung des Diana
Verlags, Zürich
© 1950 John Steinbeck
© 1978 Elaine Steinbeck, John Steinbeck IV,
Thom Steinbeck
Titel der amerikanischen Originalausgabe:
›Burning Bright‹
© 1964 der deutschsprachigen Ausgabe: Diana Verlag,
Zürich
(Deutsche Erstveröffentlichung: 1952 Humanitas Ver-
lag, Zürich)
Umschlaggestaltung: Celestino Piatti
Gesamtherstellung: C. H. Beck'sche Buchdruckerei,
Nördlingen
Printed in Germany · ISBN 3-423-10521-6

Tyger! Tyger! burning bright
In the forests of the night,
What immortel hand or eye
Could frame thy fearful symmetry?
William Blake

Vorwort

›Die wilde Flamme‹ ist der dritte Versuch, den ich unternommen habe, dieser neuen Form, der Schauspiel-Novelle, Gestalt zu geben. Mir ist niemand bekannt, der dies schon vorher getan hätte. Zwei meiner früheren Bücher – ›Mäuse und Menschen‹ und ›Der Mond ging unter‹ – haben sie erprobt. Eigentlich kann man hier, genau genommen, gar nicht von einer neuen Form sprechen, sondern viel eher von einer Kombination verschiedener alter Formen. Es handelt sich um ein Schauspiel, das leicht lesbar, und um eine Novelle, die durch Herausschälen des Dialogs leicht aufführbar ist.

Den Wunsch, in dieser neuen Form zu schreiben, kann ich mehrfach begründen. Ich finde es schwierig, ein Theaterstück zu lesen, und stehe mit dieser Ansicht nicht allein. Das gedruckte Schauspiel wird fast ausschließlich von Menschen gelesen, die eng mit dem Theater verknüpft sind, von Theaterfachleuten und einem verhältnismäßig kleinen Kreis solcher, die sich leidenschaftlich für das Theater interessieren. Der erste Anlaß, in dieser Form zu arbeiten, war daher der Wunsch, einem Bühnenstück größere Verbreitung zu sichern, indem ich es in Romangestalt, die den Lesern geläufiger ist, erscheinen ließ.

Den zweiten Grund zur Schaffung der Schauspiel-Novelle sehe ich in der Tatsache, daß diese das Stück nicht nur dem Leser, sondern auch dem Schauspieler, dem Regisseur und dem Produzenten näherbringt. Die übliche Bezeichnung einer Person in einem Bühnenwerk – »Geschäftsmann, vierzigjährig« – vermittelt ihnen sehr wenig, woran sie sich zu halten vermögen. Hier könnte man einwenden, daß bei dieser knappen Beschreibung der Dialog und der Anblick des Schauspielers auf der Bühne für die Erfassung der Charaktere um so wichtiger sei. Man kann ferner einwenden, diese knappe Beschreibung gebe dem Regisseur und dem Bühnenbildner mehr Freiheit, beim Arbeiten die eigene Phantasie walten zu lassen.

Dagegen muß gesagt werden, erstens, daß es den Theaterbesuchern und den Bühnenleuten nichts schaden kann, wenn sie mit den Absichten des Autors so deutlich wie möglich vertraut gemacht werden, und zweitens, daß durch die genauere Kenntnis jeder zur Handlung gehörenden Einzelheit die Phantasie des Schauspielers, Regisseurs und Bühnenbildners nicht nur nicht begrenzt, sondern auch noch erweitert werden kann. Und für die vielen Menschen, die das Stück nicht gesehen haben und es nie sehen werden, bedeuten die näheren Angaben eine Hilfe, auf die sie meiner Meinung nach ein Recht haben.

Allgemein wird angenommen, dem Autor des üblichen Romans liege nichts daran, oder er sei nicht fähig, sich den Gesetzen der Bühne zu unterwerfen, er wolle die Handlung nicht den Grenzen des Bühnenausschnitts anpassen und sich nicht auf Szenen und Akte beschränken, die gänzlich aus Gespräch bestehen. So gesehen, scheint der Rahmen des üblichen Schauspiels ein beengter zu sein – und er ist es auch. Nichts verrät den Gedankengang der verschiedenen Charaktere, was nicht mit Worten klar ausgesprochen wird. Die handelnden Personen können sich nicht – im geographischen Sinne – frei bewegen, es sei denn, dem Autor gelinge es, die geographische Wanderung mit technischen Mitteln auf der Bühne überzeugend wirken zu lassen. Die

Vorgänge der Handlung haben dicht gedrängt abzulaufen, und in den handelnden Personen muß eine Wandlung stattgefunden haben, ehe der Vorhang sich ein letztes Mal über die Szene senkt. Auf diesen Arbeitsprinzipien basiert sowohl das übliche Schauspiel wie auch die Schauspiel-Novelle. Und es gibt noch eine weitere einschränkende Regel: Das Stück muß kurz sein.

Auf der positiven Seite der Sache stehen Konzentration, Theaterdisziplin und die Unmöglichkeit, geistige oder sachliche Unklarheiten zu Papier zu bringen. Man hat sich knapp und deutlich auszudrücken. Hier gibt es kein Wortverschwenden, keine langen Diskussionen, kein Abweichen vom Hauptthema und wenig Exposition. Wie in jedem guten Schauspiel muß die Handlung dynamisch sein, unmittelbar einsetzen und die Lösung des dramatischen Knotens ausschließlich durch die agierenden Personen augenfällig werden.

Diese Technik begegnet vielen Schwierigkeiten. Der Bühnenschriftsteller, der sich einzig auf das Stück selbst eingestellt hat, ist froh, Regisseur und Bühnenbildner den praktischen Teil überlassen zu dürfen, da er sich noch nie auf so genaue Beschreibungen eingelassen hat wie der Romancier. Andererseits ist der Erzähler daran gewöhnt, das Gespräch mit Beschreibungen zu unterbrechen, und neigt dazu, von der strikten Gegenwart des Szenischen abzuweichen. Fehlt dem Schriftsteller die Fähigkeit, seine Geschichte mit Augen vor sich zu *sehen,* so wird er bei Benutzung dieser Form weniger erfolgreich sein.

Trotz all dieser Schwierigkeiten ist die Schauspiel-Novelle etwas höchst Lohnendes. Sie gibt dem Schauspiel die größere Möglichkeit, gelesen, der Erzählung die Chance, gespielt zu werden, ohne daß sie eine Bearbeitung nötig hätte. Ich bin überzeugt, daß diese Form zu Recht besteht und sich noch weiter ausbauen läßt.

1. AKT

Der Zirkus

Die Stoffwände des Ankleidezeltes waren verfärbt von braunen Wasserspuren, grünen Grasabdrücken und grauen, streifigen Stockflecken und ließen die leuchtenden Sonnenstrahlen hell eindringen. Der Boden bestand aus kurzgeschnittenen Gerstenstoppeln, zwischen denen die schwarze Erde durchblickte. An einer Stoffwand stand eine große, von vielen Reisen stark abgenutzte Kiste mit matten Messingstreifen und -ecken und aufgestelltem Deckel, dessen Innenseite aus Spiegelglas bestand.

Joe Saul saß auf einem Klappstuhl vor dieser Kiste, in Trikothosen und Pantoffeln, sein Oberkörper war nackt. Er tupfte sich gelben Puder ins Gesicht und schwärzte sich ohne sonderliche Sorgfalt die Augen.

Ein elastischer, sehniger Mensch mittleren Alters, dieser Joe Saul. Seine Kinnladen spannten sich mächtig gegen die Stränge und Bänder, die zu beiden Seiten an seinem Hals hinunterliefen. Seine Arme waren weiß, von blauem Geäder durchzogen, und zeigten die langen Muskeln, die sich mehr auf Festhalten und Hängen, als auf das Anschwellen beim Hinaufziehen verstehen. Auch die Hände waren weiß, die griffigen Finger und Handflächen zeigten Schwielen von Seil und Barre.

Joe Sauls Gesicht war unregelmäßig und leicht pockennarbig. Seine Augen schauten groß, dunkel und leuchtend aus ihren gemalten Rändern. Als er mit dem Schminken fertig war, entnahm er der

Kiste eine kleine Flasche mit dunkler Haartinktur, schüttete ein paar Tropfen daraus auf eine Bürste und strich damit die Farbe kräftig in sein dichtes, hauptsächlich an den Schläfen ergrauendes Haar. Dann verstaute er Puder und Flaschen wieder sauber in der Kiste, schlüpfte in das Hemd seines Trikots und machte den Leinengürtel fest. Nur eine geringe Wölbung zeigte sich über dem Gürtel. Er legte sich im Stuhl zurück und bog die Hände so, daß sich die schmalen Muskeln seiner Vorderarme deutlich abzeichneten.

Von draußen drang der Lärm der abrollenden Vorstellung herein – Hundegekläff und Orgelgeklirr und der dünne Walzer des Karussells, untermalt von den Ausrufen der versammelten Menge. Aus größerer Nähe ertönte das Knurren der Löwen, das Trompeten der Elefanten, das Grunzen und Quietschen der Schweine und das unzufriedene Schnauben der Pferde, die sich gegen das blecherne Klagen der Zirkusposaune auflehnten.

Und Joe Saul bog die Hände und schaute auf sie nieder. Draußen vor der Zeltwand wurden drei kurze Pfiffe laut, die das Anklopfen ersetzen sollten.

»Herein«, sagte Joe Saul, und Freund Ed trat durch die beiden aneinandergrenzenden Leinwandbahnen. Freund Ed war breiter, größer, schwerer als Joe Saul, langsamer in Geste und Rede. Auch er war zum Auftreten gekleidet und geschminkt. Er trug ein weites Clownskostüm, das am Hals und an den Fuß- und Handgelenken gerafft war, darüber eine weiße Jacke mit großen roten Punkten und Füße, die so lang und gebogen waren wie Faßdauben. Sein Gesicht war weiß geschminkt, hatte eine rote Gumminase, einen traurigen schwarzen Mund und schwere Striche über den Augenlidern. Hoch oben an der Stirn waren zwei gemalte umgekehrte V's des Staunens zu sehen, die auf seine Züge den Ausdruck größter Verblüffung zeichneten. Nur das dichte schwarze Haar und die Hände waren sein eigen. Die Perücke eines Kahlkopfs mit einem Kranz hellroter Haare und riesige falsche Hände trug er bei sich.

Joe Saul schloß den Kistendeckel, um einen Sitzplatz für ihn zu schaffen; Freund Ed legte die Perücke und die falschen Hände nieder, setzte sich auf den äußersten Rand und ließ die großen, schlappen Clownsfüße leicht hin und her baumeln.

»Wo ist Mordeen?« fragte er.

»Sie hütet Mrs. Malloys Baby«, antwortete Joe Saul. »Mrs. Malloy ist zur Post gegangen, um ihrem Sohn Tom Geld zu schicken«, fügte er tonlos hinzu. »Ihr Sohn Tom. ›Mein Sohn Tom.‹ Er geht aufs College, weißt du.« Joe Saul setzte sich steif und gerade hin. »Ich bin sicher, Freund Ed, es ist nicht das erstemal, daß ich dir von Mrs. Malloys Sohn Tom erzähle, der aufs College geht und erst neunzehn Jahre alt ist. Du hast es doch schon einmal gehört. Freund Ed. Du hast es doch schon zwanzigtausendmal gehört, nicht wahr?«

Freund Ed öffnete den schwarzen Mund, so daß die rote Innenseite der Lippen und kleine weiße Zähne zum Vorschein kamen. »Schimpf nicht auf ihn«, sagte er, »oder auf sie.«

»Schimpfen?« Joe Saul lehnte sich wieder nach hinten und bog abermals die Hände zurück. »Sie ist eine nette Frau«, sagte er. »Und ich nehme an, daß einem leicht ein wenig der Kamm schwillt, wenn man einen Sohn auf dem College hat. Aber deswegen würde ich nie auf sie schimpfen. Ich freue mich für sie. Sie ist eine nette Frau.«

»Hör mal, Joe Saul, du bist nervös.«

»Ich? Nein.«

Freund Ed warf einen Blick auf die sich biegen-
den Hände. »Das ist ganz neu, was du da machst.
Das tun nur Nervöse.« Seine Füße hörten zu baumeln auf.

Joe Saul schaute nieder auf seine Hände. »Ich habe gar nicht gemerkt, was ich da mache«, sagte er.
»Aber du hast recht, Freund Ed. Ich habe eine Unruhe in mir, eine kleine, juckende Unruhe unter der
Haut.«

»Ich habe das kommen sehen, Joe Saul. Wenn
mich etwas daran wundert, so nur, daß es so spät
kommt. Es kommt sehr spät, und ich frage mich,
warum. Drei Jahre sind es her, seit Cathie starb. Du
bist stark geblieben beim Verlust deiner Frau. Damals warst du nicht nervös. Und acht Monate sind
vergangen, seit Vetter Will das Netz verfehlte.
Auch da bist du noch nicht nervös geworden. Victor ist ein guter Partner, nicht wahr? Du selbst hast
es gesagt. Und es war auch nicht das erstemal, daß
ein Saul das Netz verfehlte in all den Generationen.
Was ist los mit dir, Joe Saul? Die Luft rings um dich
ist erfüllt von Unruhe wie von einer Mückenwolke
an einem heißen Sommerabend.«

Joe Saul bog die Hände zurück, schaute auf sie
nieder, verklammerte sie dann ineinander, um sie
ruhig zu halten. »Victor ist gut«, sagte er, »vielleicht sogar besser als Vetter Will. Aber auf die Ge-
wohnheit kommt's an. Bei Vetter Will habe ich
jede Stimmung fühlen können, seinen Atem habe
ich gekannt und seinen Puls. Vetter Will war von
meiner Art, von meinem Blut. Wir waren die Pro-
dukte von tausend Jahren, die Endprodukte. Über
Victor muß ich nachdenken, muß erraten, was er
tun wird. Vetter Will habe ich in den Nervenspit-
zen gespürt. Vielleicht werde ich mich auch an Vic-

14

tor gewöhnen, aber er ist ein Fremder. Sein Blut ist nicht das meine. Meine Vorfahren sind nicht darin.«

Von draußen drangen die Klänge des Orchesters herein, das einen raschen Jazzschlager spielte.

»Ist Mordeen zum Auftritt bereit, Joe Saul?«

»Sicher, sonst wäre sie nicht gegangen.« Wieder bog er die Hände zurück, ohne es zu wollen, und Freund Ed bemerkte es.

»Ist das deine Nervosität? Ich habe das schon erlebt. Hast du Angst um deine Hände? Ich habe einmal einen Mann gekannt, der am Erblinden war. Und der rannte herum und schaute Farben an, schaute und starrte sie an, um sie sich einzuprägen. Er hatte Angst, beim Blindsein zu vergessen, wie Farben aussehen. Machst du dir Sorgen um deine Hände?«

»Ich weiß nicht. Warum sollte ich? Sie haben niemals danebengelangt oder ihren festen Griff verloren.«

Freund Ed beugte sich vor und legte Joe Saul eine Hand auf die Schulter. »Habe ich als Freund das Recht, dich etwas zu fragen, Joe Saul?«

»Jederzeit.«

»Hast du irgendwelchen Kummer wegen Mordeen?«

»Nein – oh nein.«

»Sicher nicht?«

»Sicher nicht.«

»Sie ist eine famose Frau, Joe Saul, eine großartige Frau. Daß du es nur weißt. Sie ist jung, aber sehr gut. Daß du ja nie daran zweifelst. Kein Mann hat je eine bessere Frau gehabt. Vergleiche sie nicht mit Cathie – sie ist anders, aber ebenso gut und schön und treu.«

»Ich weiß.«

»Aber hergekommen bin ich, um etwas ganz anderes zu sagen. Ich mache eine kleine Geburtstags-
feier für die Zwillinge. Sie wollen nur Altersgenos-
sen haben, aber sie bitten dich und Mordeen, auch
zu kommen. Werdet ihr kommen und irgendeine
Kleinigkeit als Geschenk mitbringen?«

»Wollen sie wirklich auch mich dabei haben?«

»Natürlich – und jetzt laß endlich deine ver-
dammten Hände in Ruhe.«

Joe Saul sprang so rasch hoch, daß seine Pantoffeln in die Stoppeln flogen, ging auf und ab, hielt
die Hände zur Kontrolle gestreckt vor sich hin und
biß sich auf die Unterlippe.

Mit ruhiger Stimme sagte Freund Ed: »Ich kann
dir das Jucken erleichtern, wenn du mir's erlaubst.
In meinen Armen hast du geweint, als Cathie starb.
Ich war's, der Vetter Will aus der Manege getragen
hat, und ich stand zu deiner Linken bei der Trauung
mit Mordeen. Ich glaube, ich kenne dein Leiden,
aber du mußt es zuerst nennen, Joe Saul.«

Das Hin- und Hergehen hörte auf. »Sie braucht
aber lange zum Geldwegschicken«, sagte er. »Ich
glaube, daß du es kennst. Ich glaube sogar, deine
Zwillinge kennen es. Und ich frage mich – ob
Mordeen es kennt.«

»Dann sprich es doch endlich aus, schon deiner
Gemütsruhe und deinen Händen zuliebe. Vielleicht
gibt es etwas darauf zu erwidern.«

Joe Saul seufzte. »Ich frage mich manchmal, ob
ich vielleicht schon anfange, alt zu werden. Ich denke so oft an vergangene Zeiten. Man sagt, alte Leute denken zurück. Ich denke an das, was unser
Großvater erzählte, damals, als seine Hände schon
schwach geworden waren und er die absolute Ge-
nauigkeit und die Sicherheit der Augen verloren
hatte. Als es schon gleich war, pflegte er nachmit-

tags ein wenig Wein zu trinken. Er gab uns Stunden auf der Trainingsmatte, und wenn wir ausruhten, fing er manchmal zu sprechen an. Er hatte viel gelesen, der alte Mann, und noch mehr nachgedacht. Vielleicht hat er es sich nur zusammengereimt, aber wir haben alles geglaubt. Du hast ihn nicht mehr gekannt, Freund Ed.«

»Nein, ich habe ihn nicht mehr gekannt. Sprich es aus, Joe Saul! Damit wir den Kern finden, der so bitter ist wie das Innere eines Pfirsichsteines.«

Joe Saul setzte sich wieder in seinen Stuhl, lehnte sich zurück und sagte nachdenklich: »Wir waren stolze kleine Burschen, wie wir so dastanden mit einer vorgeschobenen Hüfte und herausgewölbtem Brustkorb. Was er sagte, glaubten wir ohne weiteres, denn es war ja Opa Joe Saul, der da sprach. Ich wurde nach ihm benannt. Er pflegte zu sagen, daß wir einst Naturgeister gewesen seien – weißt du, solche in Bäumen und Flüssen. Wir lebten in Winden und dunklen Stürmen. ›So haben eure Groß-Großahnen gelebt‹, hat er gesagt. Weißt du noch, wie silbern sein Haar war? Ach nein, du hast ihn ja nie gesehen. Dann sagte er, wir seien die ersten Doktoren gewesen, aber Wunderdoktoren. Und Zauberer. Wir befahlen den Wassern und wiesen den Donner zurück in seine Grenzen und segelten mit ausgebreiteten Armen wie der Wind dahin.

Ja, und dann, sagte er, waren wir Doktoren, die alle Gebrechen behandelten, und wir mußten die Form von jedem Gebrechen und jeder Krankheit annehmen, um sie auszutreiben, mußten uns wie unter Anfällen krümmen, uns zusammenkrampfen wie bei Vergiftungen und uns biegen wie Gummi, als hätten wir gebrochene Beine. Er wußte das alles ganz genau, und wir hockten auf der Trainingsmatte und hörten ihm zu.« Und Joe Saul hockte sich neben seinen Stuhl, um zu zeigen, wie es damals gewesen war.

»Was für wunderliche Geschichten für Kinder«, warf Freund Ed ein. »Würdest du sie einmal den Zwillingen erzählen?«

»Natürlich. Die Zwillinge haben das rechte Blut dafür. Sie werden sie verstehen. Opa Joe Saul sagte dann, in Griechenland hätten wir hohe Schuhe getragen und hölzerne Masken, da waren wir Götter. Und er sagte, in Rom hätten wir Luftsprünge gemacht im roten Sand der Arena, nachdem Blut geflossen war, und Gaukeleien ausgeführt vor den aufgerichteten Kreuzen und denen, die daran hingen.

Dann, im Mittelalter, sagte er, tanzten und lachten wir in den Mirakelspielen und waren das einzig Heitere in dieser nach Heiterkeit lechzenden Zeit. Und was wir später waren, ist allbekannt.«

»Ich möchte, daß die Zwillinge das hören«, sagte Freund Ed.

»Ich habe schon gesagt, daß er ein wenig trank am Nachmittag, als er überhaupt nicht mehr gehen konnte, aber das machte nichts. ›Könige‹, sagte er, ›Prinzen, Grafen, Astors, Vanderbilts, oder Tudors, Plantagenets, Pendragons und so weiter – kennen die ihre Ur-Ur-Urahnen mit aller Gewißheit?‹ Opa Joe Saul stand da, aufgerichtet, groß, und hatte den Zeigefinger erhoben wie ein trockenes Stück Holz. Er stand da, eine weiße Wolke, und wir, die da auf der Matte hockten, waren stolze Burschen mit unseren abgearbeiteten Knien und Ellbogen.

›Zwei uralte Familien gibt es‹, sagte er, ›nur zwei, die sicher, bekannt und anerkannt sind: Clowns und Akrobaten. Alle übrigen sind Neulinge.‹«

Freund Ed tat einen tief befriedigten Atemzug.

»Kannst du das alles den Zwillingen auf ihrer Geburtstagseinladung erzählen, nach der Schokolade?«

Joe Sauls Gesicht zuckte unter seinen Erinnerungen. Er stand da, und seine Hände bogen sich wieder zurück. »Und er sagte zu uns: ›Setzt Kinder in die Welt, eine ganze Menge von Kindern! Seid niemals ohne ein Kleines am Finger, ein Kind auf der Matte und einen Knaben am Reck.‹ So warnte er uns, die wir da saßen.«

Joe Saul schwieg, und Freund Ed schwieg ebenfalls. Der Laut leicht trippelnder, schnaubender Zirkuspferde drang in das Zelt. Freund Ed schaute eindringlich hinüber zu Joe Saul. »Da haben wir den bitteren Kern«, sagte er. »Das ist es. Cathie hatte kein Kind – und Mordeen?«

»Drei Jahre sind es nun«, erwiderte Joe Saul. »Drei Jahre.«

»Fängst du nun an zu glauben, es liege an dir?«

»Ich weiß nicht, was es ist – ich weiß nicht, was es ist. Aber so kann ein Mann nicht sterben.«

»Eine Frau ebensowenig.«

Da schrie Joe Saul: »Ein Mann kann doch nicht seine eigene Blutlinie zerreißen, kann doch den Faden nicht abschneiden, der ihn mit der Unsterblichkeit verknüpft. Es geht um mehr als nur um das Andenken an mich oder meine Kunst oder um die Geschichte des Ruhms, an die man sich erinnern, und die Schmach des Mißlingens, die man vergessen wird. Es gibt eine auferlegte Pflicht, mein Erbgut einem anderen Wesen weiterzugeben, es sorgsam, als wäre es ein Drosselei, in die Hand meines Kindes zu legen. Du hast dein Blut an die Zwillinge weitergegeben. Und nun – drei Jahre sind es schon mit Mordeen.«

»Vielleicht solltet ihr einen Arzt aufsuchen. Es

könnte ein Mittel geben, an das ihr nicht gedacht habt.«

»Was wissen denn Ärzte?« rief Joe Saul. »Ein dunkler Fluch liegt auf mir, und ich fühle es.«

»Auf dir allein, Joe Saul?« fragte Freund Ed lächelnd. »Fühlst du dich abgesondert, allein an die Wand genagelt in einem Museum? Es ist höchste Zeit, diese Not hinauszuschreien in Licht und Luft. Sonst wächst sie mit giftigen Fingern in deinem Gemüt wie ein Krebsleiden. Reiße ihr die Hülle ab. Laß sie hinaus. Und du wirst sehen, du bist nicht allein in deiner geheimen Höhle.«

»Ich weiß!« sagte Joe Saul ruhig. »Ich glaube, ich mache es wirklich so, grabe mich wie ein Maulwurf in meine eigene Dunkelheit. Ich weiß natürlich, Freund Ed, das kann jedem jederzeit und überall widerfahren, einem Bauern, einem Seemann oder irgendeinem richtungslosen, gesichtslosen Jedermann. Ich weiß das wohl – und vielleicht haben diese alle das Geheimnis auch eingesperrt in ihre eigene Einsamkeit.«

»Nun, genug davon. Aber jetzt, da ich es weiß, werde ich zu helfen versuchen. Ich werde versuchen, nachzudenken und zu helfen.«

Plötzlich sagte Joe Saul nervös: »Warum ist Mordeen immer noch nicht zurück? Das verstehe ich nicht. So lange braucht man nicht, um eine Geldanweisung aufzugeben. Ihr Kind – Mrs. Malloy ist zu alt zum Kinderkriegen. Sie ist zu alt – fünfundvierzig ist sie.«

»Aber sie hat es doch bekommen«, entgegnete Freund Ed. Und wie auf einen unhörbaren, unsichtbaren Wink setzte er automatisch die Perücke auf, strich die kahle Haut auf seinen dichten Haaren glatt und zog den Rand über die Stirn bis zu den fragenden Augenbrauen herunter. »Jetzt, da ich es weiß, Joe Saul, werde ich zu helfen versuchen. Ich bin jetzt dran . . .« Er zog die falschen Hände an, zwang die riesigen Füße zu einem gezierten Tanz- schritt und watschelte aus dem Zelt.

Joe Saul öffnete den Kistendeckel, zog seinen Stuhl ganz nah heran und starrte auf sein Spiegel- bild. Er beugte sich weit vor und prüfte sein Ge- sicht. Plötzlich schaute Freund Ed wieder herein. »Ich habe das nicht gemeint – ich habe das nicht so gemeint.«

»Was?«

»Als ich sagte: ›Aber sie hat es doch bekommen‹, hörte ich es auf einmal mit eigenen Ohren, wie das klang. Aber, Joe Saul, so habe ich das nicht ge- meint.«

»Ich habe es auch nicht so aufgefaßt«, erwiderte Joe Saul verdrießlich. »Du kommst dran, Freund Ed.« Und tatsächlich spielte die kreischende Kapel- le bereits den Marsch der Elefanten und Schimmel, der Giraffen und Nilpferde und der radschlagenden Clowns. Freund Ed machte rasch kehrt, und die Zeltbahn fiel hinter ihm zusammen. Von draußen hörte man ihn noch rufen: »Lauf, Mordeen, er war- tet schon auf dich.«

Wieder hob sich die Zeltbahn, und Mordeen kam herein. Ihr Trikot war weiß und silbern, und über den Schultern trug sie ein blausilbernes Cape, das ihr in schweren Falten bis zu den Knöcheln herab- fiel. Mordeen war blond und sehr schön, golden ringelten sich ihre Haare zu kurzen, vollen Locken, die Augen blitzten blau, und sie hatte sich äußerst sorgfältig geschminkt. Sie lächelte, ihr Gesicht war erhellt von einer beglückenden Rückschau.

Mit ernstem, finsterem Gesicht wandte Joe Saul sich ihr zu. »Hast du Victor gesehen, Mordeen?«

»Nein, nirgends. Dieses Baby, Joe Saul, es kräht,

es kräht richtig und schaukelt hin und her. Und mit dem winzigen Händchen greift es nach einem Sonnenstrahl. Du hättest sein Gesicht sehen sollen, als es ins Leere griff, ganz verblüfft und enttäuscht schaute es auf einmal drein.« Sie lachte, blickte ihn an und sah plötzlich seine Stimmung. »Was ist geschehen, Joe Saul? Fühlst du dich nicht wohl?«

»Ach, mir geht es gut.« Er stand auf.

»Wütend also? Du mußt wohl wütend sein. Deine Augen sind immer so schwarz, aber wenn du böse bist, haben sie einen roten Glutschimmer. Bist du böse auf mich, Joe Saul?«

Rasch trat er zu ihr, legte den Arm um sie, und aus seiner Gestalt und seinem Gesicht sprachen Hunger und Verlangen.

»Nicht wütend«, sagte er. »Nein, nicht böse – und doch böse.« Er streichelte ihre Wange. »Böse auf die Zeit, die du anderswo verbringst. Böse auf die Zeit, wütend auf jede Minute, in der du nicht bei mir bist.«

»Das gefällt mir«, antwortete sie. »Es ist gut, vermißt zu werden. Ich kam zurück, so schnell ich konnte. Es ist gut, ein wenig fort zu sein. Dann weiß ich noch besser, wie sehr und wie innig ich dich liebe.«

Er zog sie eng an sich. »Mir wird angst«, sagte er. »Mein Hirn spielt mir Streiche. Es flüstert mir zu, daß du nicht existierst. Es höhnt, du seiest weggegangen. Es winselt, es gäbe überhaupt keine Mordeen. Ein grausamer, schändlicher Streich ist das.«

Sie lächelte und sagte mit langsamer, ein wenig schläfriger Stimme: »Gar kein Streich ist das, sondern ein Spiel, das Kinder spielen, um etwas Gutes noch besser zu machen. Ich erinnere mich, daß ich ein weißes Stück Kuchen mit Schokoladeguß in den Händen hielt und mir vorsagte, es gehöre nicht

mir. Und das tat ich, um es mir beim Hineinbeißen
noch köstlicher zu machen. Oh, Joe Saul, nun geht
es dir schon besser. Das Rote ist aus deinen Augen
verschwunden. Du hast die schwärzesten Augen –
wie frisch aus dem Stollen gebrochene Kohle, so
schwarz. Aber du warst wütend, oder doch sehr
beunruhigt.«

»Ich war's, aber ich bin es nicht mehr«, sagte er.
»Alles Böse zersprüht, wenn ich dich berühre. Ich
liebe dich, Mordeen – und verhungere.«

»Also bist du nicht befriedigt?«

»Nein, niemals – niemals. Wie langweilig wäre
das auch – wie die verächtliche, peinigende Träg-
heit eines übervollen Magens, wie zu viel Nahrung,
zu viel Schlaf. Nein, du machst mich satt und
hungrig, und das ist das beste, was es gibt.«

Sie schob ihn ein wenig von sich weg, um ihm
besser ins Gesicht schauen zu können. »Willst du
mir sagen, was dich unruhig macht, Joe Saul?«

»Ach, nichts«, sagte er.

»Ist es Victor?«

»Ein wenig.«

»Ist es«, sie machte eine Pause – »ist es etwas
anderes?«

»N–nein, nein.«

»Bin ich dir eine gute Frau?«

Er drückte sie an sich. »Oh, mein Gott! Mein
Gott, Mordeen! Du bist der Brand in meinem Herzen. Horch – wie hart mein Atem geht, wie bei
einem Jüngling. Ich bin voll von dir.«

Die Zeltwand tat sich wiederum auf, und Victor
trat ein. Joe Saul ließ langsam und stolz von Mordeen ab und drehte ihm das Gesicht zu.

Victor, von breiter, mächtiger Gestalt, dunkel-
haarig und jung, zeigte einen vollen, arroganten
Mund und trotzige Augen. Er trug Flanellhosen,

23

ein weißes Polohemd und ein goldenes Medaillon, das ihm an einer goldenen Kette vom Halse hing. Seine Haut strahlte Jugend aus. Den einen Arm hielt er im rechten Winkel vor der Brust, das Handgelenk steckte fest eingepackt in einer fachgemäßen Bandage. Herausfordernd blieb er am Eingang stehen. Mordeen zog sich lautlos zurück, bis sie hinter Joe Saul stand.

Dieser starrte Victor an, erst völlig überrascht, dann mit steigendem Ärger.

»Warum bist du nicht im Trikot?« fragte er, dann erst sah er die Bandage. »Was ist das?«

Victor gab sich ein drohendes, selbstbewußtes Aussehen, um seine Angst zu verstecken. »Ich habe mir das Handgelenk verstaucht«, antwortete er. »Ich komme gerade vom Doktor.«

Eine geraume Weile schaute Joe Saul ihn nur an und fragte dann sehr ruhig: »Wieso?«

Victor hatte Wut erwartet. Auf Ruhe war er nicht gefaßt, auf Ruhe war er nicht eingestellt. Auf Wut war er vorbereitet, und er brauchte Wut, um sich verteidigen zu können. Diese verhängnisvolle Stille aber warf ihn aus dem Gleichgewicht, und er war nicht imstande, ihr seine Art der Verteidigung anzupassen.

»Keine Ursache, Krach mit mir anzufangen«, sagte er daher laut. »Ich konnte nichts dafür. Es war eben ein Unfall, sage ich dir. Kann jedem zustoßen, kann jederzeit passieren.«

Joe Saul drehte sich langsam vor und zurück wie ein Panzerturm und schwieg. Aber Victor polterte weiter. »Ich habe gespielt, nur so ein wenig mit den Burschen, nur ein wenig Fußball gespielt. Das ist alles, nichts anderes, und einer der Jungens hat mit dem Fuß zugestoßen, hat es nicht mit Absicht getan. He, was ist denn mit dir los?« Er zog sich unsicher zurück, da Joe Saul sich erhoben hatte und langsam auf ihn zukam. Und Joe Saul erzählte mit gleichbleibender Stimme, die sich weder hob noch senkte:

»Du bist auf die Sportschule gegangen in einer kleinen Stadt«, sagte er. »In Ohio, nicht wahr?« Er wartete die Antwort nicht ab. »Leichtathletik, Fünfhundertmeterlauf, Stabhochsprung, Akrobatengruppe. Und komisch – wie ein Clown. Und alle sagten, du müßtest unbedingt zur Bühne, und du würdest nur versauern in dieser kleinen Stadt. Und dann bist du mit einem Zirkus durchgebrannt – der alte Kleine-Buben-Traum.«

Er hielt inne und netzte sich die Lippen.

Und Victor verteidigte sich: »Der Doktor sagte, drei Tage. Es ist nur eine gezerrte Sehne. Warum schreist du denn so?«

Joe Saul fuhr ruhig fort, als habe er nichts gehört: »Es handelt sich nicht darum, daß du es nicht verstehst, sondern darum, daß du es nie verstehen wirst. Wenn du ein Musiker wärest, würdest du mit deiner Violine Tennis spielen. Wenn du ein Arzt wärest, würdest du deine Bleistifte mit dem Seziermesser spitzen.«

Victor rief: »Brüll mich nicht an!«

Joe Saul sagte ruhig: »So klingt es also für dich, nicht wahr? Du bist stärker, rascher, jünger, ja sogar sicherer als Vetter Will, aber jetzt weiß ich, was mit dir los ist. Was immer dir auch gelingt, es ist die zufällige Begegnung von Jugend und Muskelkraft. Den unendlichen Respekt vor deinen Werkzeugen und deinem Beruf kennst du nicht. Beruf! Ein Gewerbe hast du daraus gemacht.«

Joe Sauls Ton wurde schärfer vor Verachtung. »Und dieses Gewerbe hast du noch nicht einmal gelernt. Hast dich nie als Kind an deines Vaters

Zeigefingern in die Höhe gezogen. Hast es eben nicht im Blut.« Plötzlich hielt er unsicher inne und schaute zur Seite.

Mordeen trat dichter zu ihm und schauderte ein wenig in der herrschenden Stille. Ihre Bewegung erregte Victors Aufmerksamkeit und gab ihm eine Waffe in die Hand. Fast mit Erleichterung nahm er sie auf als Schutz gegen die Peitschenhiebe.

»Was ist los mit dir – fühlst du dich alt?« Seine Augen suchten Mordeen.

Joe Saul fragte bestürzt: »Was?«

Victor drängte vorwärts wie ein jammernder Knabe, der hinter einer verwundeten Katze her ist. »Was ist los mit dir – eifersüchtig? Was ist los mit dir – hast du Angst, es nicht aufnehmen zu können mit einer jungen Frau? Ist sie zu viel für dich?«

Joe Saul starrte auf den Boden. Dann seufzte er und sagte sanft: »Ich gehe jetzt und melde, daß wir drei Tage lang nicht auftreten können.« Langsam, ganz langsam trat er zu Victor und schlug ihn mit der offenen Hand hart ins Gesicht. Dann wandte er sich um und schlich auf Zehenspitzen aus dem Zelt.

Mordeen trat rasch an die geöffnete Kiste, ließ ihr Cape auf einen kleinen Stuhl gleiten und begann sich abzuschminken. Victor stand starr vor Schrecken da und konnte mit seinem Gefühl der Machtlosigkeit bei dieser Kränkung nicht fertig werden. Seine Augen flammten vor Haß auf und vor Hilflosigkeit, diesen Haß nicht in Gewalt umsetzen zu können. Wie betäubt schob er sich näher an Mordeen heran.

»Ich konnte doch einen alten Mann nicht schlagen, einen Mann, der so alt ist, daß er mein Vater sein könnte.«

Mordeen schminkte sich weiter ab und wischte

die fettige Creme mit einem Tuch fort. Sie schaute sich nicht um.

»Du hast gesehen, daß ich keine Hand gegen ihn erhob, nicht wahr?« fragte Victor. »Er wußte, daß er von mir nichts zu befürchten hatte. Er wußte, ich werde ihn nicht wieder schlagen – einen Mann in seinem Alter.«

»Er kann dich nicht hören«, sagte Mordeen. Sie wischte sich die schwarzen Schatten von den Augen.

»Ist mir gleich, ob er es hört oder nicht. Hast ja gesehen, daß ich ihm das gleiche auch ins Gesicht gesagt habe.«

»Und ich habe auch gesehen, was er daraufhin getan hat«, fügte Mordeen hinzu.

»Mit den bloßen Händen könnte ich ihn zerbrechen«, sagte Victor und zeigte, wie er es machen würde. »Wie einen alten Sack könnte ich ihn niederschlagen. Zerschmettern könnte ich ihn – aber ich habe es nicht getan. Es wäre nicht fair gewesen.«

Jetzt wandte sich Mordeen ihm zu, das rot, blau und gelb gefleckte Abschminktuch in der Hand. »Du hast also wirklich Angst vor ihm«, sagte sie leise.

Flammend und mit hochgewölbtem Brustkorb, so daß sich die Muskeln an seinen Schultern abzeichneten, sprang Victor auf Mordeen zu und fragte: »Wie meinst du das – Angst? Ich sage dir doch, daß ich ihn in Stücke hätte zerreißen können.«

Mordeen schaute ihn lange an. »Und warum hast du es nicht getan?« fragte sie schließlich.

»Weil . . .« Er kämpfte mit dieser Frage, da er keine Erwiderung darauf hatte. Dann formte er sich eine Antwort. Seine Stimme wurde weich.

»Weil ... ich werde dir sagen, warum. Aus Respekt vor dir.« Er betrachtete innerlich diese Lösung der Frage von allen Seiten. »Weil ich keine Schwierigkeiten, keine Schlägerei haben will in Gegenwart einer Frau, in die ich – in die ich verliebt bin.«

Völlig überrascht schaute Mordeen ihn an. »Verliebt?« Der Mund blieb ihr offen.

Victor trat noch näher. Er streckte die Hand aus, um ihre Schulter zu berühren, doch als sie seine Hand anschaute, nahm er sie wieder fort. »Ich habe es dir nicht gesagt«, erklärte er. »Ich habe versucht, es für mich zu behalten. Ich wollte fair sein. Ich gehöre nicht zu denen, die sich bei ihren Partnern einschleichen. Aber er hat mich geschlagen – ins Gesicht geschlagen.«

Mordeen erwiderte ruhig: »Und du hast ihn unter den Gürtel geschlagen. Da siehst du, wie fair du bist.«

»Ich habe ihn nicht angerührt«, begann Victor, doch dann sagte er kichern: »Oh, ja, jetzt verstehe ich, was du meinst. Das hat ihn getroffen, was? Und ich werde ihn wieder treffen, jetzt weiß ich ja, wie.« Seine Lippen verzerrten sich vor Haß. Der empfangene Schlag hatte ihn vergiftet. »Ich brauche ihn nicht zu prügeln. Ich kann ganz ruhig dastehen und ihn mit einem einzigen Wort durchbohren. Er ist alt, und dagegen gibt es kein Mittel.«

Mordeen lächelte zu ihm auf. »Und abgesehen davon liebst und respektierst du mich«, sagte sie höhnisch.

Victors Kopf schwankte wie bei einem Boxer, der einen rechten Schwinger einstecken mußte. Und dann verfiel er auf die sicherste Art der Verteidigung, nämlich auf Nachgeben. Er benutzte die Ringertaktik, der Gewalt auszuweichen. »Ich bin ein Idiot«, sagte er. »Joe Saul hat ganz recht. Aber vielleicht werde ich es doch noch erlernen. Vielleicht werde ich doch noch hineinwachsen.« Sein Gesicht war jung und feurig. »Ich bewundere Joe Saul mehr als irgendeinen anderen Menschen auf der Welt. Deswegen hat es mich auch so verletzt, daß er mich wie einen Hund behandelt hat. Und das war auch der Grund, warum ich zurückschlug – weil er mich verletzt hatte. Deshalb habe ich es getan.

Wir wollen von vorn beginnen, Mordeen. Ich werde mich bei Joe Saul entschuldigen. Und er wird verstehen, warum ich es getan habe, wenn ich ihm sage, wie verletzt ich war. Ich hatte wirklich den Kopf verloren. Komme da von der Sportschule, bin bei berühmten Leuten und versuche, es ihnen gleichzutun, obschon ich noch längst nicht genug kann. Ich weiß wohl, es ist ein Glück, bei Joe Saul lernen zu dürfen. Es tut mir leid, daß ich mich habe gehen lassen, Mordeen.«

Sie schaute ihn halb zweifelnd, halb überzeugt an und entschloß sich dann, ihm zu glauben, da sie fand, dabei sei nichts zu verlieren. »Ich verstehe gut, wie das ist«, sagte sie. »Oh, auch ich habe schon solche Augenblicke erlebt, Augenblicke, die mich mundtot und krank gemacht haben. Weißt du, Victor, wir bilden so etwas wie eine kleine Welt in der Welt. Unser Leben hat seine Gesetze, von denen die meisten Menschen nichts wissen. Viele verachten, viele beneiden uns. Und wir sind stolz und fürchten uns vielleicht ein wenig vor anderen Leuten. Vielleicht sondern wir uns deshalb zu stark ab.«

»Ich verstehe, was du meinst«, erwiderte Victor, obgleich er das offensichtlich nicht tat.

»Wenn man mit einem Kind über etwas streitet«,

sagte sie voller Wärme, »und man gibt ihm einen guten Beweis für das, was man behauptet, dann sagt das Kind äh, äh, und hat gar nicht zugehört. So gewinnt es jeden Streit.«

»Ich verstehe, was du meinst«, sagte er leise. Ein leichter Schmeichelton hatte sich in seine Stimme geschlichen. Sie schaute argwöhnisch zu ihm auf. »Ich verstehe, was du meinst«, wiederholte er, und der Schmeichelton war verschwunden.

Rasch fügte er hinzu: »Ich kann mir gar nicht vorstellen, daß du in dieser Umgebung aufgewachsen bist.«

»Aber es ist so.« Ihre Stimme wurde sehr sanft. »Mein ganzes Leben hat sich hier abgespielt. In einem Wohnwagen wurde ich geboren, in der Manege aufgezogen, und ich saß in einem Elefantenkorb, ehe ich gehen konnte.«

Victors Schicksal war es nun einmal, immer alles falsch zu sehen, falsch zu hören, falsch zu beurteilen. Aus der Weichheit, die ihre Stimme bekam, als sie ihrer Kindheit gedachte, glaubte er lesen zu dürfen, daß Mordeen weich geworden sei. In ihm herrschte noch das egozentrische Chaos eines Kindes. Alle Blicke und Gedanken, aller Haß galten ihm. Weichheit war ihm dargebrachte Weichheit, Schwäche war Schwäche angesichts seiner Kraft. Aus Antworten hörte er das, was er zu hören wünschte, ohne wirklich zu lauschen. Er selbst nur besaß Farbe und Glanz, alles außer ihm war fahl.

»Hast du Joe Sauls erste Frau gekannt?« fragte er.

»Oh, ja.«

»Hat Joe Saul sie geliebt?«

»Gewiß. Oh, ganz gewiß.«

Er schwieg eine Weile und senkte die Wimpern über die schönen Augen. Langsam beugte er ein Knie, bis seine Augen auf einer Höhe etwas unterhalb der ihren waren. So prüfte er ihr Gesicht, oder schien es zu tun, die Brauen, die Augen, die Nase, die schöngeschwungene Oberlippe, die volle, leidenschaftliche, festgefügte Unterlippe. Dann fragte er leise, aber mit dem Schmeichelton der Einflüsterung in der Stimme:

»Warum hast du ihn geheiratet?«

Erstaunt hob sie den Kopf. »Warum?«

»Ja, warum? Einen fünfzig- oder fast fünfzigjährigen Mann, einen Mann, der beinahe am Ende war, als du gerade anfingst? Warum hast du ihn geheiratet?«

Da lächelte Mordeen ihm gütig, ja fast innig zu, wie man lächelt, wenn ein kleiner Junge zum erstenmal fragt: »Was ist Gott?«

»Ich habe ihn geheiratet, weil ich ihn liebte.«

»Das war vor drei Jahren. Und jetzt? Liebst du ihn jetzt auch noch?«

Ihre Lippen standen ein wenig offen, als lausche sie einer kaum hörbaren Musik draußen vor geöffnetem Sommerfenster. »Noch mehr«, sagte sie, »noch viel mehr.«

Da schickte er sein verzerrtes Wissen in den Kampf, sein Trainingslager-, Hintertreppen- und Witzblattwissen. »Joe Saul muß dir doch wie ein Vater vorkommen«, sagte er geringschätzig.

»Oh, nein.«

Er lachte. »Ich weiß mehr von Frauen, als du mir zutraust«, sagte er. »Ist es etwa nicht wahr – du brauchst mir nicht zu antworten, du brauchst gar nichts zu sagen – ist es etwa nicht wahr, daß du dir manchmal wünschest, ja, dich rasend danach sehnst, die harten Arme eines jungen Mannes zu spüren, die glatte Haut eines jungen Mannes« – seine Stimme hob sich – »seine Gewalt, seine Begierde und seine zermalmende Leidenschaft?«

»Nein«, antwortete sie sanft. »Das ist nicht wahr. Das ist nicht wahr.«

»Und ich glaube es dir nicht«, sagte er. »Und ich weiß noch mehr als das.«

Ihre Güte zu ihm hielt an, als läge ihr Leben so sicher beschützt unter einer wärmenden Decke, daß sie mühelos ein Zipfelchen davon über seine Schultern breiten könne.

»Ich sehe, du glaubst mir wirklich nicht«, sagte sie. »Vielleicht wird das einst dein Kummer sein. Vielleicht wirst du dich eines Tages in einem plötzlichen Erschrecken fragen, was das ist, das dir fehlt, oder du wirst nur dumpf ahnen, daß dir etwas fehlt.«

»Ich bin kein Säugling!« rief er, »ich bin schon herum gekommen. Ich kenne Frauen.«

»Glückliche Frauen?«

»Wenn ich sie herumgekriegt habe, waren sie glücklich.«

»Wie lange?«

Er tat groß. »Sie waren so lange nicht glücklich, bis sie mich wieder haben konnten. Sie wollten mich alle wieder haben.«

»Natürlich. Und sie werden sich eines Tages fragen, was sie versäumt haben. Ich verrate kein Geheimnis – Joe Saul weiß, daß ich auch ein anderes Leben gekannt habe. Ich kenne alle diese Finessen, die Tricks des Hinauszögerns, der Stellungen, der Spiele, dieser perversen Spiele, die das Nervensystem zu einer Art von hysterischem Gelächter bringen.«

Victors Lippen glänzten jetzt feucht, er atmete durch den Mund, und fuhr sich mit der Zunge über die Lippen. »Ich habe dir ja gesagt, daß ich dir nicht glaube.«

Sie sagte: »Joe Saul weiß einen Trick, eine Finesse,

die du nicht kennst und vielleicht nie kennen lernen wirst. Ohne diesen Trick wirst du eines Tages lautlos klagend vor die Hunde gehen. Ohne diesen Trick gibt es keine guten Methoden und Techniken. Wie oft habe ich mich gefragt, wieso der gleiche Akt häßlich, gemein und schwächend sein kann wie eine peitschende Droge und auch herrlich und erfüllt von Kraft wie Milch.«

Victor erhob sich und sagte mit erzwungener Grobheit: »Was ist das für ein Trick, der es erreicht, daß sich eine junge Frau in den alten Joe Saul verliebt? Glaubst du vielleicht, er kann etwas, was ich nicht zuwege bringe?«

»Ja.«

»Und was ist dieser Trick?«

»Zärtlichkeit«, sagte sie sanft. »Du hast sie nie erfahren. Sehr viele Menschen erfahren sie nie.«

Victor wurde unsicher. Er fühlte ein Versagen, fühlte, daß er sich bei einem Versagen hatte ertappen lassen. Laut sagte er: »Meinst du vielleicht, ich bin kein so tüchtiger Mann wie der alte Joe Saul. Laß mich's versuchen, und ich schwöre dir bei Gott, du wirst nicht wieder zu ihm zurück wollen. Ach geh! Wir sind alle gleich, Männer und Frauen. Was willst du mir erzählen? Ein Sprung ins Heu ist ein Sprung ins Heu. Du mit deinem Trick!«

»Alle gleich«, wiederholte sie, »ganz gewiß, alle gleich. Und jeder, der auf ein Klavier loshämmert, macht Musik, und wenn eine holperige Zeile sich mit der nächsten reimt, dann ist es Dichtung, und jedes Gekleckse auf Leinwand ist Malerei?«

»Worauf willst du hinaus?« fragte er unsicher.

»Ich habe mich lange Zeit gefragt, warum mir diese Liebe so viel süßer erschien als alles, was ich vorher gekannt habe, so viel schöner als das, was die meisten Menschen erfahren. Und dann wurde mir eines Tages der Grund dazu klar. Es gibt nicht viel wirklich Großes in der Welt. In Leistung, Kunst und Gefühl ist das Große sehr selten. Und mir ist etwas Großes und Herrliches zugefallen. Nun sag dein ›äh, äh‹, Victor, wie ein Kind antwortlos Dinge beantwortet, die es nicht begreift. Es wird dir nichts anderes übrigbleiben, nehme ich an. «

Aber Victor sagte: »Wenn ihr's schon so verdammt gut habt, warum ist er dann so nervös? Warum läuft er herum wie die Katze um den heißen Brei? Warum ist er schlecht gelaunt und ganz grau im Gesicht? Warum das alles, das sag mir, wenn doch alles so verdammt gut ist?«

Mordeen erstarrte, ihr Mund zog sich zusammen und ihre Augen verschleierten sich.

»Du hast wirklich ein Talent«, sagte sie. »Instinktiv weißt du, wo du mit dem Messer zustoßen und es in der Wunde umdrehen mußt. Ich weiß, was du meinst, aber du weißt es nicht. Blind hast du herumgetastet und schließlich etwas entdeckt, das so wertvoll ist wie eine im Dunkeln gefundene Türklinke. « Sie stand auf und trat dicht zu ihm. Ihr Gesichtsausdruck war kalt, ihre Stimme eisig. »Aber ich sage dir eines – vielleicht sage ich es auch mir selber: Ich will alles, alles tun, um ihm Zufriedenheit zu geben. Vergiß das ja nie, Victor!«

Aber er hatte sich hinter seinen Schutzwall zurückgezogen und hörte gar nicht hin. Er fühlte nichts als Wut, weil es hier eine Welt gab, zu der er keinen Zutritt hatte und deren Existenz er deshalb leugnen mußte. Deshalb hielt er sich an die Welt, die er kannte und sagte: »Du bist ja recht hochmütig. Was macht dich denn so besonders?«

»Joe Saul«, antwortete sie schnell.

»Du bist eine Frau wie jede andere, genau so ausstaffiert, nicht mehr und nicht weniger. Alles andere an dir ist auch dasselbe. Du brauchst, was jede Frau auf dieser Welt braucht – ein kleines bißchen Gewalt, so daß du hinterher sagen kannst, es war nicht deine Schuld. Vielleicht brauchst du eine Tracht Prügel, vielleicht –«. Er packte sie plötzlich bei den Armen und drückte ihr die Ellbogen in die Seiten. »Vielleicht brauchst du mich.« Er beugte sich vor, um sie zu küssen. Da sackte sie zusammen und ließ sich so kraftlos fallen, daß er, der sie festhielt, ihren Mund mit dem seinen nicht erreichen konnte. Ihr Kopf fiel schlaff nach vorn, und ihr Leib hing leblos in seinen Armen.

Jetzt war Victor ratlos. Er hatte ihre Arme festgehalten, um sie an der Abwehr zu hindern. Nun waren ihre Augen geschlossen, und sie rührte sich nicht. Draußen vor dem Zelt ertönten die drei kurzen Pfiffe, die das Anklopfen ersetzten. Doch weder Victor noch Mordeen hörten sie. Nach weiteren drei unbeantworteten Pfiffen trat Freund Ed ein. Er war abgeschminkt, trug aber immer noch das gepunktete Clownskostüm. Er blieb stehen und starrte auf Victors Rücken. Dann kam er langsam näher.

Victor wurde es angst. »Mordeen«, sagte er, »Mordeen, ist dir nicht gut?« Er lockerte den Griff seiner Arme, und als er das tat, trat sie rasch zurück und entfernte sich von ihm. Ihr Gesicht war von Haß und Verachtung entstellt. Dann gewahrte sie Freund Ed und starrte ihn an.

Victor blickte sich um, und seine Hand fuhr wie zum Schutz in die Höhe. Freund Ed trat auf ihn zu. »Geh!« sagte er leise. »Geh augenblicklich fort! Ich werde es nicht weitersagen. Joe Saul brächte dich wahrscheinlich um.«

Victor versuchte: »Ich habe ja gar nicht . . .«

»Geh fort! Es wäre nicht gut für Joe Saul, wenn er dich umbrächte, nicht gut für Joe Saul. Selbst wenn es niemals herauskäme, hätte er sein Lebtag lang eine Bitterkeit mit sich herumzutragen. Weder ihm noch mir bedeutest du viel. Sag ihm, du müßtest den Zirkus verlassen, deine Mutter sei gestorben oder so etwas. Aber geh!«

»Ich – du weißt ja nicht . . .«

Freund Ed ließ die Schultern sinken und trat näher zu ihm. »Vielleicht habe ich selbst die Bitterkeit auf mich zu nehmen. Bitte, bitte, geh fort!«

Victor sagte: »Niemand kann mich zwingen, fortzugehen.« Er betrachtete sein verbundenes Handgelenk. »Du, gib auf dich selber acht.«

»Schon gut, aber geh jetzt fort, geh!«

Victor zögerte. »Glaube nur ja nicht, daß ich Angst habe«, sagte er, ging aber zum Ausgang und verschwand.

Mordeen und Freund Ed folgten ihm mit den Augen, wandten sich dann schwerfällig einander zu und schauten sich an, und es war ihnen, als blickten sie durch trübes Wasser, so daß sie sich anstrengen mußten, einander zu erkennen. Ein Wall von Unklarheit trennte sie.

Mordeen sagte wie im Traum: »Du hast alles gesehen, Freund Ed?«

»Ja, ich habe es gesehen.«

»Was glaubst du?«

»Ich glaube, was ich gesehen habe.«

»Meinst du, auch Joe Saul würde es glauben?«

»Er würde es glauben wollen – er würde es glauben müssen – und wenn er es nicht könnte, würde ich alles daransetzen, es ihm beizubringen.«

Mordeen seufzte tief auf. Sie sagte: »Victor, der nichts weiß und wenig empfindet, hat einen Instinkt dafür, brüchige Stellen und empfindliche Gebiete zu finden. Ich bin sicher, er weiß dies selbst nicht, und doch tastet er blind herum und sucht wie ein Blutegel, und er bekommt sein Blut.«

Freund Ed schaute sie lange an. »Joe Saul meldete, die Nummer könne nicht stattfinden und ging dann in eine Bar. Dort ist er dabei, sich zu betrinken, Mordeen.«

Sie setzte sich müde nieder und begann: »Ich muß . . .«, und schwieg dann wieder.

»Möchtest du mir etwas sagen?« fragte Freund Ed.

»Ja – ja, ich will. Ich fühle, daß sich eine Wolke auf uns herabsenkt. Ich muß sprechen. Er ist dabei, sich zu betrinken. Hat dies etwas mit der Wolke zu tun?«

»Weißt du, woraus diese Wolke entstanden ist?«

»Ja. Und du?«

»Ich weiß es auch.«

Rasch fügte Freund Ed hinzu: »Willst du mir anvertrauen, ob du ein Kind haben kannst?«

Mordeen wandte den Blick von ihm und antwortete: »Ja, ich kann es.«

»Wie hast du das erfahren?«

»Auf die einzige Art, wie ich es erfahren konnte: ich habe es erfahren.«

»Wann ist dies geschehen?«

»Vor fünf Jahren.«

»Weiß Joe Saul davon?«

»Nein, er weiß es nicht. Es war vor seiner Zeit. Alles war längst vorbei und dahin, lange bevor Joe Saul kam.«

Freund Ed sagte: »Ich verstehe das nicht. Er ist, soviel ich weiß, niemals krank gewesen. Er ist doch ein ganzer Kerl, voll Gesundheit und Kraft.«

Leise warf sie ein: »Einmal war er doch krank. Er hat es mir selbst erzählt. Es war das einzige Mal, und er war damals noch ein Knabe. Wachstums-schmerzen hat man es genannt. Alle seine Knochen und Gelenke taten ihm entsetzlich weh, und ein furchtbares Fieber brannte ihn aus. Ein ganzes Jahr lang war er von Schmerzen wie gepeitscht.«

Freund Ed zog die Brauen in die Höhe. »Und du hast dir das erzählen lassen und herausgefunden . . .«

»Ja, es war Gelenkfieber.«

»Und könnte das die Ursache davon sein?«

»Ja«, antwortete sie, »es wäre möglich. Es muß nicht so sein, aber es wäre möglich.« Und voller Glut fügte sie hinzu: »Können wir ihm das nicht sagen? Können wir ihm das nicht klarmachen? Wir müssen unbedingt ein Kind haben, wir können ja eines bekommen, es adoptieren, und es wird wie unser eigenes aufwachsen. Vielleicht könnte, wenn dies einmal deutlich und bewußt gemacht worden ist, auch die Wolke vorüberziehen. Vielleicht . . .«

»Ich glaube nicht, daß man ihm das sagen kann«, meinte Freund Ed. »Ich glaube nicht, daß dies das Richtige wäre. Weißt du, was in einem Mann vor-geht, wenn er erfährt, daß er unfruchtbar ist?«

»Ich weiß nur, daß er jetzt unglücklich ist und voll Verlangen und sich nach einem Kind sehnt. Ich weiß, es war schon immer so, aber nun ist er wie wahnsinnig.«

»Ist er ein guter Liebhaber?«

»Oh, ein wunderbarer. Sanft und leidenschaftlich und – wunderbar.«

Mit ruhiger Stimme sagte Freund Ed: »Wenn die Körper von Mann und Frau einander in Liebe be-gegnen, so ist dies eine Verheißung – manchmal eine so tief in ihren Zellen vergrabene, daß die Ge-danken nichts davon wissen – eine deutliche Ver-heißung, daß aus diesem Erdbeben und diesem

Blitz ein Kind hervorgehen werde. Dies verspricht der eine Leib dem anderen. Aber wenn der eine oder der andere der beiden weiß – völlig einwandfrei weiß, daß er dieses Versprechen nicht halten kann, so fehlt die Ganzheit, alles wird ein Akt, ein Vorwand, eine Lüge und ganz zu innerst etwas Nutz- und Sinnloses.«

»Ich weiß«, sagte Mordeen.

»Wie sich das bei der Frau äußert«, fuhr Freund Ed fort, »kann ich nicht sagen. Aber bei einem Mann – nun, vielleicht fühlt er sich frei, weil er keine Gefahr läuft, und vielleicht fühlt sich auch die Frau zügellos frei in ihrer folgenlosen Lust, aber irgendwo in ihren Zellen lebt eine Verachtung für den unfruchtbaren Mann. Und immer wird der Mann auf der Suche sein nach dieser Verachtung, von der er weiß, daß sie existiert. Denn so sehr die Frau sich auch gegen ihre Trauer über diese fruchtlose Liebe auflehnen, so sehr sie diese Trauer verleugnen und verhüllen mag, er weiß und spürt sie doch. Und da wir nicht freiwillig etwas Unsinniges tun, weigert sich der männliche Körper mehr und mehr, einen nutzlosen Akt zu vollziehen, und ganz allmählich merkt die Frau, daß sie ihn nicht braucht, und ihre Sinne wenden sich ab von der dunklen, doppelten Enttäuschung.«

Mordeen blickte auf ihre Hände und sagte: »Ich glaube nicht, daß es sich auf mich so auswirkt. Ich glaube, ich würde alles tun – alles, was mein Gemüt, mein Herz und mein Leib sich ausdenken können –, um Joe Saul Frieden zu geben.«

Freund Ed antwortete: »Und dies deshalb, weil er es nicht weiß. Wenn er aber einmal weiß – ohne jeden verhüllenden, verdunkelnden Zweifel weiß, daß sein Same tot ist – wird er dir nicht gestatten, es auch nur zu versuchen. Seine Selbstverachtung

39

wird einen so dichten Nebelring um ihn ziehen, daß du nicht imstande sein wirst, ihn in seinem grauen Elend wiederzufinden.«

»Was aber soll ich sonst tun?«

»Ich weiß es nicht«, erwiderte er. »Anders wäre es, könnten sein Geist und seine Energie hinaufgreifen zu den Sternen der Mathematik oder aus acht Tönen eine neue und lebendige Musikform schaffen – dann wäre ihm ein Weiterleben gesichert. Aber diese Welten sind ihm ebenso wenig zugänglich wie den meisten Menschen. Auf dem hohen Trapez schwingen und seinen Schwung so exakt ausführen, daß er deinem fliegenden Körper auf den Bruchteil der Sekunde entgegeneilt, das ist ihm so vertraut und instinktsicher eingeboren wie das Kauen, wenn man ein Stück Fleisch im Munde hat.«

»Aber was soll ich tun?«

»Sorge dafür, daß er es nie erfährt.«

»Aber angenommen, es sei gar nicht wahr? Angenommen, es ändere sich durch irgendeinen Zufall etwas, angenommen, der Fehler liege an mir, an einem gestörten Organ, an einer zu scharfen Säure in meinem Körper, an einem vergifteten Gedanken, der irgendwo verborgen in mir liegt, aber alles zerstört.«

»Daran glaubst du ja selbst nicht«, erwiderte Freund Ed. »Ich kenne dich doch. Und du hast ja alle Beweise vom Gegenteil gehabt. Du weißt.«

Plötzlich legte sie die Stirn in beide Hände und sagte: »Hast du eine Ahnung, wie sehr ich diesen Menschen liebe, Freund Ed?«

»Ich glaube, ja. Ich hoffe es.«

»Weißt du, daß ich ihn vor allem Leid bewahren will, selbst wenn man mir den Prozeß machte und mich folterte?«

»Das wäre nur eine doppelte Folter.«

»Weißt du, daß ich zu jeder Lüge, jedem Betrug, jeder Gewalttat fähig bin – zu allem Guten und Schlechten, das der Mensch sich ausdenken kann, wenn ich damit erreiche, ihm Frieden und Freude zu geben?«

»Ich glaube es dir. Und ich frage mich, ob auch nur der Hauch einer Möglichkeit besteht, damit ans Ziel zu kommen.«

Sie schaute ihn fest an. »Du weißt, was mir durch den Sinn geht, nicht wahr?«

»Ich glaube wohl.«

»Wenn ich sehr behutsam wäre, jede Vorsichtsmaßnahme träfe, glaubst du, daß da eine Möglichkeit bestünde?«

»Ich kann dir da nicht raten. Ich weiß es nicht.«

»Aber siehst du denn außer dieser Möglichkeit noch eine andere?«

»Ich weiß nicht. Ich will dir keinen Rat geben. Er könnte falsch sein.«

»Aber wenn man nur zwischen zwei Handlungen die Wahl hat, die beide falsch sein können und einem langen Warten, das ebenso falsch sein kann, muß man da nicht die Möglichkeit wählen, die von den dreien am wenigsten falsch ist?«

Freund Ed schlang die Hände ineinander. »Ich weiß es nicht. Und ich sage dir, ich will dir nicht raten, weil ich die Verantwortung nicht tragen will. Und ich erkenne auch deinen Wechsel auf Glück nicht an. Alles andere, alles andere, aber dies nicht. Ich wünschte, ich wüßte nichts davon, ich wünschte, ich hätte nicht die leiseste Ahnung von dem, was du denkst und planst.«

Mordeen setzte sich kerzengerade auf. »Ich weiß, du bist sein Freund«, sagte sie. »Wahrscheinlich bürde ich der Freundschaft zu viel auf. Sie ist kein

41

Schiffstau, das solch eine Belastung erträgt. Ich hätte meine Bedenken für mich behalten sollen, Freund Ed. Aber ich war so einsam und unsicher. Ich glaubte, mir wäre mit einer Stärke geholfen, die von außen kommt. Verzeih mir.«

»So willst du also . . .«

»Still!« antwortete sie sanft. »Ich will alles wegschließen in ein dunkles Selbst. Wenn ich Unrecht tue, so wird es mein eigenes Unrecht sein, und weder deine Gedanken noch deine Hände sollen daran teilhaben.« – Er senkte den Kopf.

Mordeen sagte: »Es wäre ihm sicher arg, wenn ich ihn betrunken sähe, besonders deshalb, weil er nicht aus Freude getrunken hat. Suche ihn auf, Freund Ed, und bleibe bei ihm. Und wenn er so müde ist, daß er sich nicht mehr wach halten kann, führe ihn dann zum Wohnwagen. Und decke ihn gut zu. Zieh ihm die Kleider aus. Seine Nachtsachen findest du in dem schwarzen Koffer unter der niedrigsten Schlafkoje. Und ziehe seine Uhr auf. Und achte darauf, daß seine Brust nicht unbedeckt ist.«

»Und du?« fragte er.

»Oh, ja, sage ihm, ich hätte ein wenig Kopfweh und wolle einen kleinen Spaziergang machen. Sage ihm, ich werde bald zu ihm nach Hause kommen.«

»Ich habe Angst«, erwiderte Freund Ed.

»Ich hatte Angst. Ich hatte mehr Angst als je zuvor in diesem kleinen, schreckensreichen Leben. Aber jetzt nicht mehr. Vielleicht brauchte ich deine Schwäche, damit meine eigene Stärke sich daran hochranken kann. Geh nun, suche Joe Saul auf und tröste ihn. Schnell, schnell! Vielleicht braucht er eben jetzt einen Menschen. Schnell, Freund Ed! Ziehe dich rasch um und geh zu ihm. Lege ihn schlafen, noch ehe die Nachtvorstellung beginnt.

Tu das für uns.« Sie nahm ihn beim Arm, führte ihn zum Ausgang und hielt die Zeltwand für ihn hoch. Und Freund Ed ging unsicher hinaus.

Dann kam sie schnell zurück, beugte sich über den Spiegel in der Kiste und bürstete ihr kurzes Haar. Sie gebrauchte gerade den Lippenstift, als die Zeltwand sich hob und Victor leise hereintrat. Er war in langer Hose, hellem Hemd und Regenmantel und trug eine bemalte Krawatte und weißbraune Schuhe. Quer über die Krawatte lief ein goldenes Kettchen, an dem ein kleiner goldener Fußball baumelte. Sie sah ihn im Spiegel ihrer Kiste, wandte sich ihm halb zu und sprach mit klarer, rascher Stimme: »Warum bist zu zurückgekommen?«

Mürrisch antwortete er: »Hast du gedacht, man könnte mir Angst einjagen? Nein, ich muß reinen Tisch machen. Deshalb bin ich Joe Saul in die Stadt gefolgt und wieder umgekehrt. Dann habe ich gewartet, bis der andere ging. Mit dir will ich nämlich ins reine kommen.«

Sie überwand sich und sagte: »Ich bitte dich um Verzeihung, Victor, es tut mir leid, und ich schäme mich. Eben wollte ich fortgehen, um dich zu suchen und dir zu sagen, daß es mir leid tut.«

Er blickte sie finster an. »Weshalb bist du so verwandelt? Hast du Streit gehabt mit deinem alten Mann? Er ist schon ganz besoffen, weißt du – oder hast du es gewußt? – sternhagelbesoffen. Ich stand neben ihm in der Bar, und er hat mich mit triefenden, roten Augen angeschaut und mich nicht einmal erkannt, der glückliche Mann, der gute, alte Liebhaber mit seinem Trick.«

»Ich bitte dich um Verzeihung, Victor, wirklich, es tut mir leid.«

»Was war es dann, das dich so verwandelt hat?« fragte er. »Hast du etwa in der Zwischenzeit herausgefunden, daß ich recht haben könnte? Daß dieses ganze weichliche Getue, das du für Liebe gehalten hast, nur ein armseliger, verrunzelter Abklatsch davon ist?«

»Nein, nicht eigentlich das«, sagte Mordeen.

»Oder hast du dich durchgegraben durch deinen Haufen stickiger Worte und schließlich gemerkt, daß es doch nur Worte sind, während du harte und junge Arme brauchst?«

»Nein, nicht eigentlich das«, sagte Mordeen.

»Ich bin gekommen, um dir ein für allemal zu sagen, was ich von dem Zeug halte, das du da verzapft hast. Du sollst nämlich wissen, daß ich auf das alles pfeife. Du warst ja sehr großartig, sehr selbstsicher. Du weißt, du sitzt ganz oben auf dem Misthaufen und schaust herunter auf all die anderen Hühner. Du bist vollkommen, und ich – ich bin ein Dreck. Und ich sage dir, ich bin nur ehrlich. Mich fängt man nicht mit diesem stinkenden Weihrauch.« Er hielt inne und fuhr dann fort: »Und ich glaube, dich ebenso wenig.«

Sie sagte: »Ich wollte gerade fortgehen, um dich zu suchen und dir zu sagen, daß es mir leid tut.«

»Was tut dir leid? Was willst du von mir?«

»Als du fort warst, ist mir erst klar geworden, wie sehr wir dich gekränkt haben«, sagte sie. »Ich habe dir gesagt, wie eng und cliquenhaft wir in diesem Geschäft alle denken. Ich fürchte, wir stoßen alle vor den Kopf, die nicht in der Zunft geboren sind und nicht von Eltern und Großeltern abstammen, die auch schon darin geboren waren.«

»Natürlich habt ihr alles dazu getan, daß ich mich hier heimisch gefühlt habe«, höhnte er, und seine Augen bekamen einen feindlichen Ausdruck.

»Darüber habe ich nachgedacht«, fuhr Mordeen fort. »Du arbeitest in unserem Beruf. Wenn du dabei bleibst, wirst du Kinder haben, die schon dazu geboren sind. Wir – ich hätte dich nicht so behandeln dürfen. Eine Nummer wie die unsere macht uns zu einer Art von Familie, Victor. Wir – ich hätte dir zeigen müssen, daß du zu uns gehörst.«

»Dazu ist es jetzt zu spät. Dein Alter hat mir eine Ohrfeige gegeben, du hast dich tot gestellt, und dieser verfluchte Clown – hast du gehört, was er zu mir gesagt hat? Meint er vielleicht, daß ich mich jetzt davonschleichen werde?«

»Er hat nichts begriffen«, antwortete sie. »Vielleicht sind wir alle so verbohrt und vernagelt, daß niemand von uns so recht begreift. Aber ich möchte so gern etwas dazutun, daß du dich zu Hause fühlst.«

»Wie willst du denn das machen?« fragte er.

»Ich weiß es nicht«, erwiderte sie. »Wenn wir dich so tief gekränkt haben, weiß ich es wirklich nicht. Ich habe nach einer Möglichkeit gesucht, aber keine gefunden.«

Seine Augen bekamen etwas Tückisches, und geheimer Triumph strahlte von ihm aus. Pöbelhaft sagte er: »Nun, ich wüßte schon, wie du einen Anlauf nehmen könntest.«

Ihre Augen hefteten sich weitgeöffnet auf ihn. »Ich möchte gerne mit dir befreundet sein, Victor, glaube mir. Und vielleicht können die anderen – vielleicht kann ich dazu beitragen, daß du dich zu Hause fühlst.«

Er trat dicht vor sie hin. »Ich glaube fast, mir liegt gar nicht so viel an den anderen.«

»Doch, doch, Victor. Dir liegt viel daran, glaube ich. Mir ist etwas eingefallen. Als ich ein kleines Mädchen war, gab es einmal eine Zeit, da ich sehr unter Einsamkeit litt. Wahrscheinlich geschieht das jedem Menschen einmal. Ich hatte das Gefühl von

Kälte und kam mir nutzlos und ungeliebt vor. Da nahm ich alle meine Pennies, die ich besaß, kaufte kleine Geschenke, verpackte sie und brachte sie mir. Ich dachte: wenn die anderen Kinder sehen, wie viele Geschenke ich bekomme, werden sie glauben, ich sei sehr beliebt, und sich mit mir anfreunden wollen. Aber es kam nichts dabei heraus. Doch dann geriet eines Tages ein viel älteres Mädchen in Schwierigkeiten. Sie stahl einen Ring, bekam Angst und zog sich von den Freunden, die sie hatte, zurück. Aber zu mir kam sie um Hilfe, und ich half ihr. Und – höre, Victor – ich fühlte mich warm und wert, man brauchte mich. Es war ein schönes Gefühl, etwas, das so dringend verlangt wurde, geben zu können, und nicht mehr einsam zu sein.«

»Du bist komisch«, sagte Victor. »Immer erzählst du Geschichten. Worum dreht sich's? Was willst du mir damit sagen? Deine Geschichten haben es in sich.« Aber seine Stimme hatte das Mürrische verloren. Und er lächelte sogar ein wenig, wenn auch gegen seinen Willen. »Sag, Mordeen«, fuhr er fort, »was soll das mit deiner Geschichte?«

»Nun«, begann sie zögernd, »es geht mir darum, daß du dich bei uns heimisch fühlst. Und ich dachte, vielleicht hilfst du mir, wenn ich Hilfe brauche, und das wäre gut für uns beide.«

Sein rauhes Wesen verlor sich, und gegen seinen Willen erfaßte eine gewisse Munterkeit Besitz von ihm. »Ei, ei, wer hätte gedacht, daß du Hilfe brauchst?« sagte er. »Ich habe gemeint, ich sei derjenige, dem geholfen werden muß. Wenigstens hast du das vorhin gesagt.«

»Victor, du jast ja selbst gesehen, daß etwas bei uns nicht stimmt. Wenn ich es fertig brächte, es dir so zu erklären, daß du es nachfühlen könntest, wärest du vielleicht bereit, mir zu helfen.« Ihre Augen beschworen ihn, und Victor ging voller Triumph und ohne jegliches Verstehen auf sie zu. Er hob die Hand, um ihre Schulter anzufassen, ließ sie aber gleich wieder sinken, als diese Schulter unmerklich zurückwich. Plötzlich lachte er auf und ließ die Hand mit Autorität auf ihre Schulter fallen.

»Für dich würde ich alles tun, Baby«, sagte er und fügte hinzu: »Sei mir nicht böse, daß ich vorhin so grob zu dir war. Ich weiß es jetzt besser. Ich glaube, ich hatte Angst vor dir. Und die habe ich jetzt überwunden.« Er starrte sie an. »Vielleicht hast du dich wirklich eines anderen besonnen. Aber man sagt, Weiber und Pferde wissen, wenn ein Mann nicht ganz sicher ist. Sie spüren es, mag man sich auch noch so gut verstellen.«

Mordeens Augen verschleierten sich vor Qual, und sie zog sich ein wenig in sich selbst zurück. »Ich hatte gehofft, du könntest mich verstehen«, sagte sie leise.

»Ich verstehe dich ja«, rief er. »Herrgott, wie dumm kann sich doch ein Mann benehmen! Ich höre die Signale, sehe die Lichter und tue, als sei ich taub und blind. Dabei weiß ich doch, daß eine Dame nicht den ersten Schritt tun kann. Ist es möglich? Du hast es dir überlegt, und ich stehe immer noch da und trete von einem Fuß auf den anderen wie ein Bauernbursche.«

Wieder lachte er auf. »Los, wir wollen raus von hier. Dein Alter ist besoffen. Wir gehen ins Kino. Wir fahren in die Stadt und gehen essen. Oder sag, wie wäre es, wenn ich einen Wagen mietete, und wir machten eine Spazierfahrt?«

Nun hatte sie ihr Gesicht wieder in der Gewalt. Rasch trat sie von ihm fort auf die Kiste zu, nahm den Lippenstift und zog den Mund voll nach. Der

Hals war ihr wie zugeschnürt, aber ihr Entschluß stand fest. Der verstörte Ausdruck wich von ihren Zügen, und unmerklich wurde ihre Haltung weich und aufreizend.

»Was hältst du davon?« fragte er.

Als sie sich ihm wieder zuwandte, war sie verwandelt.

»Wovon, Victor?« fragte sie mit rauher Stimme.

»Vom Auswärts-Essen und Spazierenfahren?«

Sie schaute ihn an und studierte sein Gesicht. »Das wäre hübsch«, meinte sie. Die Tonhöhe ihrer Stimme hatte sich verändert. »Ich gehe selten aus.« Sie fuhr fort, ihn anzustarren.

»Was siehst du denn an mir?« fragte er vergnügt.

»Sehen? Oh, ich habe nur bemerkt, wie schwarz deine Augen sind.«

»Gefallen sie dir nicht?«

»Doch, doch. Ich dachte nur, daß es in manchen Familien schwarzäugige und blauäugige Kinder gibt. Das ist seltsam.«

»Nicht in der meinen«, brüstete er sich. »So weit wir zurückdenken können, hat es bei uns keine helläugigen Kinder gegeben, weder auf Vaters, noch auf Mutters Seite.«

»Das ist merkwürdig«, bemerkte sie. »Es gibt seltsame Eigenschaften in den verschiedenen Familien. Ich kannte eine, in der der Veitstanz vorkam, und, du wirst es nicht glauben, in jeder zweiten Generation wiederholte sich das.«

»Du kennst komische Leute. Da sind wir besser dran. Das Alter ist das einzige, was uns umbringen kann. Meine beiden Großeltern sind noch am Leben, und mein Urgroßvater väterlicherseits hat erst mit hundertvier ins Gras gebissen. Ja, wir sind zäh. Aber warum stehen wir immer noch hier herum? Los, Mordeen, wir wollen gehen.«

»Ja«, antwortete sie, »das wird lustig werden.«
Sie stand auf und warf sich das lange Cape über die
Schultern. »Ich gehe in den Wohnwagen und kleide
mich um«, sagte sie. »Ich muß doch hübsch aussehen. Aber wir lassen uns hier besser nicht zusammen sehen. Wo können wir uns treffen?«

Er schaute ihr aufmerksam ins Gesicht. »Nein«,
sagte er langsam, »du wirst mich nicht versetzen.
Höre, Baby, es gibt da ein chinesisches Restaurant
mit netten Nischen. Es ist an der zwölften Straße,
um die Ecke von der Bank. Dort ist so eine Art
Sackgasse. Ich setze mich in die erste Nische und
warte hinter zugezogenen Vorhängen auf dich.« Er
lächelte auf sie herunter, seine Zähne blitzten. »Ich
werde dich schon beschirmen, Kleine, es wird dir
nichts zustoßen. Auf mich kannst du vertrauen.«

Sie trat zum Ausgang. »Geh nicht gleichzeitig
mit mir hinaus. In einer Stunde bin ich wieder bei
dir.« Plötzlich stand sie still, der Mut schien sie zu
verlassen.

Rasch trat Victor zu ihr, spürte die Verwandlung
und legte ihr den Arm zärtlich um die Taille. »Ich
könnte wetten, daß ich weiß, was du denkst«, sagte
er. »Mach dir nichts draus. Wir haben es nicht er-
funden – das kommt jeden Tag vor. Niemand hat
Schuld. Mußt dir keine Sorgen machen. Weißt du,
das kann jedem passieren. Wir sind keine Ausnah-
men. Jedem kann das passieren.«

»Geh nicht mit mir zusammen fort«, antwortete
sie.

Sie machte sich los, trat hinaus und war fast im
gleichen Augenblick wieder zurück. »Er kommt.
Ich habe ihn gesehen. Schnell hinaus! Schnell!«

Rasch lief er zur anderen Zeltseite, hob die Stoffwand am Boden hoch und schlüpfte hindurch.

Mordeen atmete hastig, teilte die Zeltbahnen und

49

schaute hinaus. Schon wollte sie gehen, zog sich aber wieder zurück. Doch im nächsten Augenblick war sie draußen, verschwunden wie der Blitz.

Golden und sanft drang jetzt das Licht in das Ankleidezelt. Der Nachmittag neigte sich seinem Ende zu. Klirrend setzte das Zirkusorchester mit dem Schlußmarsch ein, doch konnte man trotzdem das dumpfe Stampfen der Elefanten und das Wiehern der Pferde hören. Ein Löwe brüllte hungrig auf, und plötzlich quiekte eine ganze Schweinefamilie.

Dann teilten sich wieder die Zeltbahnen, und Joe Saul äugte herein. Seine Augen blickten leer, und sein Mund war feucht und schlaff. Die Schultern hingen ihm herunter, und die Krawatte baumelte lose und zerknittert vom geöffneten Hemdkragen.

»Mordeen«, sagte er schwerfällig. »Mordeen, ich bin betrunken. Tut mir leid, aber ich bin betrunken.« Dann sah er die offene Kiste, wankte auf den kleinen Stuhl zu und setzte sich. Seine Hände fingerten zärtlich über die Kiste. Dann ergriff er Mordeens Lippenstift, roch daran und lächelte. Linkisch machte er sich an der Kiste zu schaffen und tätschelte das Tablett, auf dem Puder, Fettschminke und Coldcreme standen. Auf einmal erblickte er sich im Spiegel und starrte sich in das schlaffe, betrunkene Gesicht. Plötzlich warf er mit einem Ruck den Kistendeckel zu. Das Klirren des zerbrochenen Spiegels drang durch die Seitenwände. Dann ließ er den Kopf auf den linken Arm sinken und verbarg sein Gesicht mit dem Unterarm. Die rechte Faust schlug einmal hart auf den Kistendeckel, dann mehrmals weicher. »Mordeen«, sagte Joe Saul. »Ich habe Freund Ed gekränkt. Schick ihn fort.« Jetzt fiel die Faust herunter, die Finger öffneten sich langsam.

Freund Ed teilte die Zeltbahnen und schaute herein. Er erblickte Joe Saul, beobachtete ihn einen Augenblick lang und trat dann schweigend näher. Mit gekreuzten Beinen hockte er sich auf den Boden nieder, kreuzte auch die Arme leicht und hielt Wache über Joe Saul.

II. AKT

Die Farm

Die Strahlen der Junimorgensonne zeigten sich über dem Scheunenfirst, fielen auf den Vorhof des Bauernhauses und drangen hell und golden durch die Fensterscheiben in die Küche. Das Licht wurde von dem blankgeputzten Metall des Herdes zurückgeworfen und glitzerte auf dem Kuchenblech, das zum Trocknen auf dem Ofen stand. Der Raum war als Wohnküche eingerichtet: ein viereckiger, mit Wachstuch bedeckter Tisch stand darin, an dem man essen konnte, rechnen, nähen und lesen; einfache, zum bequemeren Sitzen mit kleinen Polstern versehene Stühle; ein großer Kalender von einem Warenhaus hing an der Wand, auf dem man Notizen machen konnte und der rund um das Datum reichlich Platz aufwies, so daß man Bemerkungen eintragen konnte über Säen, Bebauen und Ernten. Es war eine recht gut ausgestattete Küche. Sogar ein Feldbett gab es da unter dem Fenster, auf dem die müde Frau sich ausruhen konnte, während das Brot buk. Auf einem Gestell neben dem Ausguß stand ein kleiner Radioapparat, aus dem forsche Morgenmusik kam, die Plattenaufnahme eines Zirkusorchesters, das einen feurigen Schlußmarsch spielte.

Es war eine warme, alte, behagliche, von Generationen eingesessene Küche. Die Geräusche des Bauernhofes drangen herein, das Gegacker der Hühner, das Grunzen der Schweine, das Schnauben und Wiehern der Pferde in den Ställen. Und ein alter

Haushahn krähte, als könne er nicht ablassen von seinem Morgengesang, obgleich die Sonne bereits aufgegangen war. Der Teekessel dampfte summend auf dem Herd, daneben brodelte und brummte der Kaffeetopf. Die bäurische Standuhr tickte, der Perpendikel schwang hin und her hinter seinem kleinen Glasfenster.

Joe Saul, der Farmer, saß am Tisch, den Kopf auf den gebeugten Arm gesenkt. In der rechten Hand hielt er eine Feder, und vor ihm stand ein offenes Tintenfaß. Freund Ed, der Besitzer des Nachbargutes, hockte vornübergeneigt auf einem Stuhl neben ihm. Beide Männer trugen blaue Baumwollhosen und blaue, am Hals offene Hemden. Zwei Kaffeetassen standen vor ihnen auf dem Tisch.

Freund Ed erhob sich, nahm seine Tasse, ging zum Herd und füllte sie. »Willst du noch Kaffee?« fragte er.

Joe Saul hob den Kopf und schob seine Tasse zum Tischrand. »Gerne«, antwortete er.

Freund Ed füllte auch diese Tasse. »Du solltest dir einen Buchhalter nehmen. Ich habe auch einen. Es gibt hier so viel Schreibarbeit, daß einem keine Zeit mehr bleibt, die Ernte einzubringen.«

Joe Saul nahm einen Schluck von seinem Kaffee und fügte Zucker und Milch hinzu. »Wenn ich die Buchführung auf meiner eigenen Farm nicht allein zustande bringe, kann ich das Gut gleich aufgeben«, sagte er. »Ich war immer ein flinker Rechner, doch jetzt wird es sogar mir zu viel. Aber es liegt nicht nur daran. Ich muß immer alles selbst tun oder zum mindesten selbst zugegen sein.«

»Arbeitet denn Victor nicht gut?« fragte Freund Ed.

»Oh, er ist ein recht guter Arbeiter, versucht wenigstens, einer zu sein. Aber es liegt ihm nicht im

Blut, Freund Ed. Als Vetter Will noch lebte, konnte ich ihn ausschicken zum Anpflanzen und absolut sicher sein, daß es richtig ausgeführt wurde. Victor hingegen ist ein Stadtkind. Manchmal macht er alles ganz ordentlich, aber man kann nicht darauf bauen. Ich muß immer hinter ihm her sein. Freund Ed, du weißt, wie das bei dir und bei mir ist und wie es bei Vetter Will war und unseren Vätern und Großvätern und Urgroßvätern. Wir tun unsere Arbeit und wissen nicht wie oder warum, aber wir tun sie richtig. Das Landleben kann man nicht erlernen, auch nicht aus Büchern. Man muß es im Blut haben. Ich will Victor nicht herabsetzen: er versucht es ernsthaft, und es gelingt ihm auch fast immer. Aber ich kann nicht damit rechnen. Immer muß ich ihm nachgehen und schauen.«

»Ich weiß«, bemerkte Freund Ed. »Etwas Nettes hat sich gestern in dieser Art mit den Zwillingen zugetragen. Al sagte beim Frühstück: ›Ich habe das sichere Gefühl, ich müßte etwas tun, weiß aber nicht, was es ist.‹ Darauf sagte Eddie: ›Aber ich weiß es. Deine grünen Bohnen brauchen Stangen.‹ Einfach so, als hätten die grünen Bohnen es ihm zugerufen.«

»Genau das ist es, was ich meine«, erwiderte Joe Saul. »Sie haben es im Blut. Du mußt dir die Felder nicht anschauen, wenn die Zwillinge sie gehäufelt haben. Ach, du lieber Gott!«

»Jetzt höre aber auf damit«, sagte Freund Ed. »Jetzt genug. Du richtest dich mit diesen Gedanken noch zugrunde.«

»Manchmal habe ich eine Schreckensvision«, sagte Joe Saul. »Ich sehe dieses Land – dieses schöne, flache, schwarze Land – brach, niemand bebaut es, öde liegt es da, und der Sumach kommt zurück in Massen und dann der Wald, und dieses Haus wird von Schimmel zerfressen, bis nur mehr der Kamin da ist und das Kellerloch. Die Farm sinkt dorthin zurück, wo sie war, als unser Ahn Joe Saul vom Pferd stieg und Salz, Pfeffer, Tabak, Schießpulver und Saatkorn aus seinen Satteltaschen nahm. Das war alles, was er besaß, Freund Ed, dies und eine Axt. Er fällte fünf Bäume und pflanzte sein Saatkorn mit einem zugespitzten Stock. Er pflegte uns davon zu erzählen, als wir noch ganz klein waren und gerade unsere ersten Kälber hüteten.« Er wies mit der Hand zur Tür. »Und schau es dir jetzt an, das schöne, flache, schwarze Land, das wie Stahl glänzt, wenn der Frühlingspflug hindurchgeht. Und wenn keiner sich darum kümmert, könnte es in weniger als zehn Jahren wieder so sein, wie es einst war. Und mein Alpdruck zeigt mir auch Fremde, die vielleicht aus den Städten kommen, und nicht wissen, wie man hier austrocknen und bewässern muß.«

»Halt, Joe Saul! Du nagst an dir selbst wie ein junger Hund an einem Schweineohr. Geh zurück zu deiner Schreibarbeit und höre auf, dich zu zerfleischen. Wie geht es übrigens Mordeen?«

»Ach, ich weiß nicht. Sie fühlte sich ein wenig kränklich in den letzten zwei Wochen. Da ist etwas, das mich beunruhigt, Freund Ed. Sie hat auch schon früher mal diesen oder jenen Schmerz gehabt, aber niemand hat davon etwas gewußt. Sie kommt aus einem Farmergeschlecht, gehört zu denen, die aufstehen und ihre Arbeit tun und niemals klagen oder sich drücken. Und jetzt – nun, der Magen macht ihr zu schaffen, das stimmt, und sie fühlt sich manchmal schwindlig, aber sie ist ganz anders geworden. Gestern ging sie sogar zum Doktor. Er meinte, es sei nichts Ernstes, sagte sie, aber sie solle sich schonen. Das ist seltsam. Und sie verhält sich auch seltsam. Heute morgen sagte sie: ›Hättest du etwas dagegen, wenn ich noch eine Weile liegen bliebe? Mir ist nicht ganz gut.‹ Nun hör mal, das sieht ihr so gar nicht ähnlich. Und dann streckte sie die Arme aus und lächelte ganz merkwürdig. Sah ganz und gar nicht krank aus, aber daß ihr Magen streikt, das stimmt.«

»Sie wird bald wieder in Ordnung sein«, meinte Freund Ed ruhig. »Frauen machen sonderbare Zeiten durch.« Und er wechselte das Thema. »Etwas anderes wollte ich dich schon lange fragen. Trägt Victor dir etwas nach wegen dem Streit, den du ihm gemacht hast?«

»Ach nein. Ich glaube nicht. Er ist ganz still, spricht nicht viel. Scheint seiner Pflicht nachzugehen und tut seine Arbeit. Ich meine, es hat ihm vielleicht sogar gut getan.«

»Es hat mich ein wenig beunruhigt«, sagte Freund Ed. »Ich dachte, du hättest ihn vielleicht nicht schlagen sollen.«

»Es hat mir hinterher selbst leid getan. Ich hatte die Nerven verloren. Aber ich habe mich bei ihm entschuldigt, und er hat es, glaube ich, schon vergessen.«

»Es sieht dir so gar nicht gleich, ihn oder sonst jemanden zu schlagen, Joe Saul.«

»Er hat etwas gesagt. Er hat etwas gesagt, das mich einfach wild gemacht hat. Hörst du, hat sich da nicht Mordeen gerührt? Ich meine, ich habe etwas gehört.«

»Ich glaube, sie ist aufgestanden«, sagte Freund Ed. »Ich sollte schon längst fort sein. Bei all der Arbeit, die ich drüben habe, sitze ich hier nach Sonnenaufgang in deiner Küche herum. Geht eure Uhr richtig?«

»Sie ist nach dem Radio gestellt, und das geht immer richtig.«

Der Apparat gab eine andere Platte wieder, einen klagenden Gesang.

Joe Saul schaute hinüber. »Ich weiß gar nicht, wie wir es geschafft haben, bevor wir ihn hatten. Wir stellen ihn jetzt kaum mehr ab. Er ist wie ein weiterer Mensch im Haus. Und Mordeen hört gern etwas, während sie ihre Arbeit tut.« Er seufzte. »Komm, wir wollen noch eine Tasse Kaffee trinken. Gib mir die deine. Ich werde sie waschen.«

Er trug beide Tassen zum Ausguß und spülte sie ab.

Da tat sich die Tür auf, und Mordeen trat ein. Sie sah blühend aus, und um ihren Mund spielte ein kleines, zufriedenes Lächeln. Sie trug einen gesteppten, blumigen Morgenrock, der fast bis zum Boden reichte.

Beide Männer schauten sie an, und Joe Saul sagte: »Geht's dir besser, Mordeen?«

Und Freund Ed bemerkte: »Ich finde, du siehst vorzüglich aus.«

Sie ging zum Feldbett unter dem Fenster und setzte sich darauf. »Was für ein herrlicher Tag!« sagte sie verzückt, als sei dies der erste Tag der Welt.

»Ein Segen für die Felder, dieses Wetter!« erwiderte Joe Saul. »Soll ich dir dein Frühstück geben? Hafergrütze und gebackener Speck stehen im Rohr.«

»Du hast für mich gekocht?« Ein kleines, glückliches Lachen kam aus ihrem Mund. »Statt daß ich dir das Frühstück bereite. Aber es freut mich, daß du es mir anbietest, Joe Saul, es freut mich wirklich. Und doch möchte ich lieber nicht frühstücken.«

»Dann ein wenig Kaffee? Soeben wollte ich den

57

Topf leeren und frischen machen. Möchtest du nicht ein wenig schönen, frischen Kaffee?«

»Nein, danke«, sagte sie. »Aber ich bin nicht wirklich krank. Ich lasse mich nur ein wenig gehen.«

»Das wäre das erstemal«, meinte Joe Saul. »Du bist anders als sonst.«

Sie hielt den Atem an und begann: »Ich ...«

»Ja?« fragte Joe Saul.

»Ich weiß nicht mehr, was ich sagen wollte. Ich bin so zerstreut.«

Joe Saul brachte die beiden frisch eingeschenkten Tassen zum Tisch. »Wenn du keinen haben willst, werde ich nicht noch mal Kaffee machen. Oder vielleicht doch? Wenn du dich nicht wohl fühlst? Victor wird auch gleich kommen und seinen Kaffee zum zweiten Frühstück haben wollen.«

Mordeen beschäftigte sich mit dem, was sie hatte sagen wollen. Still lächelte sie vor sich hin, dann wurde ihr Gesicht ernst, und schließlich lächelte sie abermals. Sie schaute auf ihre Hände nieder, die ihr offen, eine in der andern, mit leicht gebeugten Fingern wie ein Nest im Schoße lagen. »Der Doktor sagte, ich sollte mich jetzt nicht anstrengen.«

Joe Saul setzte die Tasse nieder, drehte ihr seinen Stuhl zu und schaute sie an. »Aber er hat doch gesagt, du seist gesund. Was glaubte er denn, daß es sei?«

Und jetzt sagte sie frei und deutlich: »Joe Saul, ich bekomme ein Kind – *wir* bekommen ein Kind.«

Er begriff es zuerst nicht, da er nicht zugehört hatte, aber die Worte wiederholten sich wie ein Echo in seinem Ohr. Sein Gesicht wurde starr, während er sie anschaute, und abermals wiederholten sich die Worte, jetzt tief in seinem Gemüt. Einen Augenblick lang kämpfte Joe Saul gegen sein zitterndes Kinn an. Doch dann bettete er den Kopf auf die Arme und weinte.

Freund Ed schaute hinüber zu Mordeen und blickte ihr fest ins Gesicht.

Sie gab den Blick zurück, und ihr Gesicht wurde tiefernst. Sie nickte. Doch dann lächelte sie wieder.

Mit erdbebengleicher Wucht wurde Joe Saul von seinen Empfindungen geschüttelt. Freund Ed blickte von ihm fort. Doch Mordeen lächelte von innen her, während sie die einander liebkosenden Hände in ihrem Schoß betrachtete. Ihr Gesicht war verhängt von Geheimnis. Das Mysterium ihres Leibes leuchtete ihr aus den Augen, dieses neue Wesen in der Welt, diese neue Welt, aber geformt aus wohlvertrautem Material: da gab es die Keimhaut, die tausendfach sich teilenden Zellen, Falten und Knoten, den Anschein von etwas Werdendem, den Plan zu Armen und Beinen, den kaum angedeuteten Streifen von Nerven, die Kiemenspalten am sich formenden Kopf, die Anlage zu Fingern und die zwei Stellen, die eines Tages die Fähigkeit des Sehens haben sollten. Und schließlich bildet er sich, der winzige neue Mensch, bereits vollkommen gestaltet, nur nicht größer als ein Bleistiftstummel, warm in eine Flüssigkeit gebettet, vom mütterlichen Gestade sich nährend und heimlich wachsend. Dieses erschütternde Werden lag unter den sich liebkosenden Händen in ihrem Schoß, umfangen von einer dumpfen Ekstase.

Und dann stand Joe Saul auf, ging mit schweren Schritten zum Fenster und schaute hinaus auf seine Farm. Er verschränkte die Arme hinter dem Rükken und zog die Schultern hinauf.

»Nun«, sagte er, »nun ist alles gut.« Er hob die Stimme, als wolle er das, was er zu sagen hatte, den Feldern zurufen. »Nun ist alles gut.« Er lachte auf und wandte sein flammendes, entzücktes Gesicht wieder dem Wohnraum zu. Dann ließ er die Arme sinken und klopfte sich sanft auf die Hüften, während er sprach. »Man hat mir erzählt, irgendwo in Europa gehe man hinaus zur Scheune und erzähle es dem Vieh. Nun, jede Sitte ist gut und jede Zeremonie.« Und er fuhr fort. »Nun sich das Schwarze gelichtet hat, kann ich von Schwärze sprechen. Viele von uns sind so verwachsen mit diesem Land, daß sie eins sind mit ihm, und es ein Teil von ihnen geworden ist, so daß das Gras im Frühling aus ihren Poren sprießt und die grünen Schößlinge des Korns aus ihren Leibern hervorstoßen. Du weißt, Freund Ed, wie die zur Unzeit eintretende Dürre eine Trockenheit in unserer Brust, jede unvorhergesehene Hitzewelle ein Fieber unseres Blutes ist.« Und leiser fuhr er fort: »Alle unsere Generationen – der ganze Stamm, Mensch für Mensch, bis zurück zum allererstens – und der Plan für künftige Menschen, deren Söhne und die Söhne dieser Söhne – all das liegt wohlgeordnet im gesunden Chromosom.«

Freund Ed lächelte. »Ich glaube, du möchtest jetzt gerne Menschen um dich sehen. Ich werde die Zwillinge herüberbringen. Und ich hole Eis und Whisky und werde einen Truthahn opfern. Dies ist ein großer, freudiger Augenblick, Joe Saul.«

Joe Saul fuhr fort: »Da nun das Schwarze sich gelichtet hat, kann ich von Schwärze sprechen, aber ich vermag mich nicht mehr deutlich daran zu erinnern. Ich weiß nicht mehr, wie mir zumute war, seit dieser Triumph in mir lebt.« Er wandte sich an Freund Ed. »Ich sehe mich selbst und meine Qual davonwirbeln außer Reich- und Sehweite, diese Qual in Blut und Herz, daß meine Linie, diese durch tausendjährige Stürme fortgeführte und beschützte Kostbarkeit, abgerissen, ihre Wirkung unterbrochen, ihre Kraft vom Mehltau befallen werde.«

»Das ist nun alles vorüber, Joe Saul. Möchtest du nicht ein paar Freunde einladen? Will Mordeen, daß es schon so bald bekannt wird?«

Sie blickten zu ihr hinüber, und Freund Ed sagte mit erhobener Stimme, um ihre Aufmerksamkeit zu erregen: »Mordeen, willst du, daß es bekannt wird?«

Sie lächelte. »Oh, ja. Was sollte ich dagegen haben? Was ist los, Joe Saul? Bist du nicht froh?«

»Froh. Oh, ja. Aber zurückdenken, an die gehabte Qual zurückdenken ist wie Hineinschauen in einen Sarg, da liegt sie. Ihr Gesicht ist tot, und man kann es vergessen. Schaut man aber nicht hinein, so ist das Gesicht niemals tot für einen, und man kann sich im Innersten nicht davon verabschieden. Deshalb schaue ich zurück auf den Gram, den tief eingekerbten. Der Kopf verleugnet Unfruchtbarkeit. Ich weiß noch, wie das war. Im Herzen überzeugt, leugnete ich die Verzweiflung oder machte einen Scherz daraus, einen bitteren Scherz. Ich kann mir nur mehr undeutlich den schleichenden, mißtrauischen Haß vorstellen, der zwischen Mann und Frau wachsen und sprießen kann, während sie sagen: ›Nicht jetzt. Wir können uns kein Kind leisten. Wir wollen kein Kind, solange wir ihm nicht alle Sorgfalt angedeihen lassen können.‹ Oder sie sagen: ›Wir haben Großes auf dieser Welt zu tun – große Arbeit zu leisten, bei der ein Kind uns nur stören würde. Unsere Zeit ist zu kostbar, als daß wir sie uns durch Geschrei und Unordnung und solche Ausgaben nehmen lassen dürften.‹«

»Wäre eine Party zu ermüdend für dich, Mordeen?« fragte Freund Ed. »Meinst du nicht, wir sollten eine lustige Gesellschaft geben?«

»Gewiß meine ich das«, erwiderte Mordeen. »Ich möchte eine toll ausgelassene und lärmende Party geben. Genau das möchte ich, Joe Saul. Laß deine schwarzen Gedanken jetzt fahren, Joe Saul.«

»Wie schnell das geht«, fuhr Joe Saul fort. »Das ist wie eine Wunde, die nach der Heilung kaum eine Erinnerung zurückläßt, bloß eine Narbe aus unempfindlicher Haut. Nur der Fruchtbare kann Unfruchtbarkeit überhaupt erwähnen. Die Unfruchtbaren spüren in ihren Eingeweiden das geheime Messer der Verzweiflung. Nur die Unfruchtbaren kennen durch ihren Mangel die beiden großen Gesetze, daß man leben muß, und daß man dieses Leben weiterzugeben hat. Man muß das Feuer tragen und es dem Nächsten reichen. Der Blutstrom darf nicht unterbrochen werden, und die Gene haben den Auftrag, zueinander zu kommen.« Er hielt inne und schüttelte heftig den Kopf.

Da überschritt Victor den Vorhof und betrat die Küche. Er trug einen Overall und ein offenes blaues Hemd. Seine Arme waren braungebrannt. »Ich dachte, es sei Zeit für eine Tasse Kaffee«, sagte er. Doch dann merkte er, daß etwas im Raum war, und schwieg.

Joe Saul ging zu Mordeen und blickte sie an, als sei sie etwas Neues und Unbekanntes in seinen Augen. Und sie hob den Kopf, ließ ihre Augen einen Augenblick lang über Victor gleiten und heftete sie dann auf Joe Sauls Gesicht.

Er sagte: »Mordeen«, leise, versuchsweise, als habe er diesen Namen noch nie vorher ausgesprochen. Staunen lag in seinen Augen. Er stieß den großen, bebenden Seufzer aus, der dem Liebesakt folgt. »Mordeen, wir haben ein Kind«, sagte er, nicht um es ihr mitzuteilen, sondern um die Worte auszukosten.

Victors Kopf fuhr mit einem Ruck herum. »Was hast du gesagt?«

Da wandte Joe Saul sich ihm zu. »Du hast richtig gehört. Wir haben ein Kind«, brüllte er. »Ein kleines Kind wird es hier im Hause geben. Ein Kind wird in diesem Raum spielen. Ein kleines wachsendes Wesen wird hier den Himmel entdecken und die Hühner wegstoßen und Eier finden!« Joe Sauls Körper schwankte von einer Seite zur andern. In der Sturmflut übergroßer Freude lachte er hysterisch auf. »Große Fragen werden hier gestellt und beantwortet werden. Begreifst du das? Die ganze Welt werden wir wiederentdecken. Kannst du das verstehen? Dieses Land soll seinen eigenen Baum haben, der daraus hervorgegangen ist, für dieses Land geboren wurde und es kennt.«

Seine Stimme wurde sanft, fast flüsternd, und seine Augen sahen. »Hier auf diesem Boden wird unser Kind liegen, auf dem Gesichtchen, auf dem kleinen Bauch. Seine Zehen werden im Schmutz wühlen und seine Ohren horchen, und die Erde wird zu ihm sprechen.«

Auf Victors Zügen erschien ein Lächeln, ein heimliches, undurchdringliches, seine Augen begegneten denen Joe Sauls, wanderten dann weiter zu Mordeen, und das Lächeln vertiefte sich. »Meinen Glückwunsch, Joe Saul«, sagte er. »Das muß gefeiert werden. Aber du sagst ›sein Ohr‹. Woher weißt du, daß es ein Knabe sein wird?«

»Was weiß ich?« brüllte Joe Saul. »Was kümmert's mich? Ich bin nicht tot. Mein Blutstrom wird nicht unterbrochen. Meine Unsterblichkeit ist gerettet. Ich bin nicht tot. Knabe? Mädchen? Es wird noch viele geben – Knaben und Mädchen.« Er kam näher, ließ seine Faust freundlich gegen Victors Brust fallen und zwang ihn, ein wenig zurück-

63

zutreten. »Wir haben ein Kind«, sagte er. »Eben hier wächst es. Und es kommt von mir, hörst du? Es kommt von mir. Und es wird ein Stück von mir sein, mehr noch, ein Stück derer, von denen ich komme, geprägt von mir, von uns, angeschlossen an den gleichen Blutstrom, ein weitergesponnener Faden, der von dunklen Zeitaltern herabhängt wie das schimmernde Fädchen endloser Spinnenseide.«

Erschöpft ließ Joe Saul sich auf einen Stuhl fallen. Doch im nächsten Augenblick warf er den Kopf zurück und lachte.

Dann sprang er auf, tat ein paar stolzierende Schritte wie ein schweres Roß und tanzte dann ungehemmt und laut lachend. Er walzte dahin, die Arme rund vor sich, als halte und führe er einen Partner; schwer waren seine Füße und gebeugt seine Knie. Und der kleine Radioapparat spielte den Walzer für ihn. Und er war töricht-selig wie ein Kind, das sich fast überfreut hat. Mordeen schaute ihm lächelnd zu, und Victors Augen folgten ihm. Dann wandte Victor sich angewidert weg und füllte den Kaffeetopf. Freund Ed lachte über die schwerfällige Seltsamkeit seines Freundes.

»So habe ich dich noch nie gesehen, Joe Saul«, rief er ihm zu.

»Ich hatte auch noch nie zuvor Grund dazu«, rief Joe Saul zurück und brach den Tanz ab.

»Nun, Grund oder nicht Grund, die Pflichten rufen. Sie kümmern sich nicht um Gründe, seien es gute oder schlechte.«

Joe Saul richtete sich mit spöttisch gespielter Majestät auf.

»Hiermit erkläre ich: dieser Tag ist ein freier Tag, ein Feiertag«, so begann er seine Rede. »Hiermit erkläre ich: Es gibt heute keine Pflichten. Laß die Zwillinge sie tun, oder laß sie ungetan. Wider-

sprich mir, dann hebe ich die Hand – so – und deine
ganze Farm ist verschwunden.« Er lachte über seinen eigenen Scherz. »Widersprichst du mir weiter,
will ich die Hand zweimal heben – so – und du
selbst bist nicht mehr da.« Schnell wandte er sich an
Victor. »Victor, in die Speisekammer, hole Whisky, hole Gläser! Du willst eine Party geben, Mordeen, jetzt eben beginnt sie. Diese Königin«, er
verneigte sich vor Mordeen, und als er sie anschaute, schloß sich seine Kehle, und er konnte das Spiel
fast nicht mehr fortführen, »diese Kaiserin, diese
Mutter wünscht eine Party zu geben. Sie soll sie
haben. Rasch, Victor, laufe, ehe die Gäste wieder
gehen.« Und Joe Saul eilte selbst und half, die Gläser zu bringen. Er schenkte sie bis zum Rand voll.

Mordeen sagte: »Nicht für mich. Ich würde
schon gerne trinken, aber ich kann nicht. Diese
Dinge muß ich jetzt für eine Weile lassen.«

Da erstarrte Joe Saul mitten in seiner Fröhlichkeit
und ging zum Feldbett, auf dem sie saß. Hier kniete
er vor Mordeen nieder und legte ihr die Hände auf
die Knie. »Sei vorsichtig«, sagte er. »Handle behutsam. Oh, gehe zart mit dir um. Gönne dir Ruhe,
und lasse nur hohe und herrliche Gedanken ein.«
Und rauh fügte er hinzu: »Ich befehle dir, keine
Lasten zu tragen, keine Müdigkeit zu unterdrük-
ken. Wenn irgendeine Arbeit schwer oder schwierig oder langwierig oder auch nur ermüdend ist,
mußt du mich rufen – mich – ich werde sie tun.
Hörst du? Dies befehle ich.«

Sie legte ihm liebevoll die Hand aufs Haupt und
ließ die Finger durch sein Haar streichen. »Ich werde dir gehorchen«, sagte sie. »Mit Freuden werde
ich dir gehorchen. Ich werde vorsichtig sein. Aber
so zerbrechlich, wie du denkst, bin ich nicht. Eine
erschreckend große Ausdauer lebt in werdenden

Müttern. Aber ich werde gehorchen. Und nun trinke!« Sie legte die Hände unter seine Ellbogen und zog ihn in die Höhe. »Trink! Und eröffne deine Party!«

Seine Stimmung wandelte sich. Er trat zum Tisch und hob sein Glas. »Auf das Kind!« brüllte er und trank, und Freund Ed und Victor tranken nach ihm.

Rasch füllte er die Gläser abermals. Und nun hielt Freund Ed das seine in die Höhe und rief: »Auf die Mutter!«

Wiederum tranken sie. »So ist es richtig«, sagte Joe Saul. »Diesen Spruch hätte ich zuerst sagen sollen. So ist es richtig, Freund Ed.« Er verschluckte sich. »Ah, das ist stark. Ich muß ein wenig Wasser zugießen.« Er ging zum Ausguß, ließ Wasser in sein Glas laufen und stürzte es so schnell hinunter, daß es ihm aus den Mundwinkeln auf das blaue Hemd rann.

Victor stand dicht beim Tisch und reichte die Gläser. Seine Augen erglänzten unter der raschen Wirkung des Alkohols. Eine erregte Kühnheit kam in ihm auf. Er wartete, bis Joe Saul an den Tisch zurückkam, dann hob er sein Glas und schaute Mordeen an.

»Auf den Vater«, sagte er.

Plötzlich wurden Joe Sauls Augen naß. Er trank sein Glas leer und stellte es behutsam auf den Tisch. Dann ging er zu Victor und legte ihm den Arm um die breiten, jungen Schultern. »Ich danke dir«, sagte er. »Oh, ich danke dir, Victor!«

Und Victor schaute voller Triumph zu Mordeen hinüber. Dort aber begegnete sein Blick einem solchen Haß, wie er noch keinen gesehen hatte, einem so kalten, gefahrdrohenden Haß, daß er ihm nicht standhalten konnte. Sein Blick wurde schwankend,

66

fiel ab, und er wandte sich um. Und jetzt begegneten seine Augen denen von Freund Ed, und er spürte, daß er seinem Henker ins Gesicht blickte, der ihn mit so tödlicher, unpersönlicher Strenge anschaute, als überlege er, wo er den Strick anlegen werde. Da hustete er und sagte laut: »Noch ein paar solcher Trinksprüche, und ich bin besoffen. Besser, ich gehe gleich an die Arbeit.« Damit verließ er die Küche, und man konnte seine Schritte draußen über den Vorhof stampfen hören.

Joe Saul goß weiter Whisky in die Gläser. »Ich bin so launisch wie ein Pferd«, sagte er und kicherte. »Seltsam, plötzlich verlangt es mich zu brüllen, und dann merke ich, daß ich weine. Ich bin so scheu wie ein Präriepferd inmitten von herumwehenden Papieren an einer Picknickstelle.«

Mordeen erhob sich vorsichtig. »Wenn wir wirklich eine Party geben wollen, lege ich mich jetzt besser ein wenig nieder«, sagte sie. »Die Erregung hat mich ermüdet, ja richtig erschöpft.«

»Du solltest etwas essen«, meinte Joe Saul.

»Nein, nicht jetzt. Später will ich etwas Milch trinken und ein wenig Toast dazu essen.«

»Dann lege dich nieder. Und wenn dir die Party zu viel sein sollte, werden wir keine geben.«

»Oh, ich will sie geben, alle Freunde sollen kommen, die Zwillinge, die Nachbarn. Aber wer kocht und macht den Punsch?«

»Du geh fort«, sagte Joe Saul. »Ich besorge alles in der Stadt und lasse es fix und fertig herausschikken. Es wäre doch gelacht, wenn ich es nicht zuwege brächte, unser Kind zu feiern.«

Sie trat zu ihm, und ihre Hand strich zärtlich über seinen Rücken.

Joe Saul blickte ihr nach, als sie hinausging, setzte sich dann und betrachtete den eingeschenkten

Whisky. »Ich bin auch müde«, sagte er. »Ganz plötzlich bin ich sehr müde, als sei mir auf einmal alles Blut aus den Adern gewichen.«

»Nun, es war ja auch so etwas wie ein Schlag für dich«, meinte Freund Ed. »Ja, sicher war es eine Art Schlag. Und wenn sich alles in der üblichen Art abspielen wird, ist dir ab morgen bei weitem übler als ihr, und wenn sie ein klein wenig Schmerzen hat, wirst du die fürchterlichsten Qualen in den Eingeweiden spüren. Und bei der Geburt – oh, Gott steh dir bei, wenn es erst soweit ist!«

»Ich möchte ihr so gerne etwas mitbringen«, sagte Joe Saul, »irgend etwas Kostbares, etwas Neues, Schönes, das sie so entzückt, daß ihre Augen zu tanzen beginnen und sie sagt: ›Wer hätte je gedacht, daß ich einmal so etwas Schönes besitzen werde?‹«

»Ich glaube, sie hat es bereits.«

Joe Saul machte eine erregte Geste. »Ja, das weiß ich. Aber ich denke an etwas wie an eine Zeremonie, etwas wie ein goldenes Sakrament, an eine Perle, die wie ein Gebet ist, oder an einen roten, schimmernden Rubin des Dankes. Irgend etwas, das ihr hart und greifbar meine Demut zeigt, das sie in der offenen Hand halten oder vom Halse herabhängend tragen kann. Ich spüre einen Zwang, dies zu tun, Freund Ed. Komm mit mir.« Wieder war er erregt. »Ich muß etwas besorgen. Meine Freude verlangt nach einem Sinnbild. Komm mit mir in die Stadt. Dort bekommen wir auch alles, was für die Party notwendig ist, bereits gekocht, geschnitten und verpackt. Sie hat sich sonst immer vor jeder Einladung so viel Arbeit gemacht, daß sie fast zu müde war, Freude daran zu haben. Und dann werden wir uns umschauen – noch weiß ich nicht, was das Geschenk sein soll – aber ich werde es wissen, sobald ich es sehe.«

Nun, da er sich entschlossen hatte, war er wiederum erregt. »Mach schnell, Freund Ed. Trink deinen Whisky aus und komm mit mir! Ich traue es mir im Augenblick nicht zu, allein zu bleiben.« Er ging zur Tür, kam zurück zum Tisch und eilte wieder zur Tür wie ein Hund, der bittet, hinausgelassen zu werden.

Freund Ed stand langsam auf. Neckend sagte er: »Sei vorsichtig, Joe Saul. Denk an das Kind. Achte darauf, daß du nicht zu viel tust. Du mußt deine Kräfte zusammenhalten.« Und ernster fügte er hinzu: »Du möchtest nicht allein sein, aber findest du es richtig, daß Mordeen allein ist?«

»Ah!« rief Joe Saul. »Daran habe ich nicht gedacht. Danke, daß du mich daran erinnerst. Sie war sonst immer so heil und tatkräftig, daß es mir schwer fällt, daran zu denken. Ich will Victor rufen und ihm sagen, daß er sich möglichst in der Nähe aufhalten soll. Und außerdem werde ich ihr die alte Tischglocke geben. Wenn sie etwas braucht, kann sie läuten, und er wird kommen.«

Freund Ed erwiderte leise: »Ich glaube nicht, daß Victor . . .«, merkte aber, daß er das, was er gedacht hatte, nicht aussprechen durfte.

»Victor ist schon recht. Hast du nicht gehört, was er gesagt hat? Er trägt mir die Ohrfeige nicht mehr nach. Victor ist ein guter Kerl.« Er öffnete die Tür und rief: »Victor!« und von weit her ertönte die Antwort. »Victor, komm her, ich muß dir etwas sagen. Los, Freund Ed!« Die beiden Männer gingen hinaus, und die Tür schloß sich hinter ihnen. Allein gelassen, spielte das kleine Radio auf seinem Tischchen weiter, und der Wasserkessel dampfte wichtigtuerisch. Das Ticken der Uhr war plötzlich ganz deutlich zu hören.

Dann erschallten Schritte auf dem Vorhof. Leise

wurde die Tür geöffnet, und Victor stand an der Schwelle. Er schaute nach draußen, solange ein Motor ratterte und der Ton wechselnder Gänge hereindrang und sich langsam in der Ferne verlor. Dann schloß Victor die Tür sanft und ging leise zum Tisch. Dort schenkte er sich Whisky ein, leerte das Glas und füllte es sogleich wieder. Der Flaschenhals klirrte gegen das Glas. Und aus der offenen Tür des Schlafzimmers kam Mordeens Stimme: »Bist du es, Joe Saul?«

Victor blieb stumm am Tisch sitzen, nippte an seinem Whisky, hob langsam den Blick und ließ ihn zur Tür gleiten. Er saß auf einem der geraden Stühle und lehnte sich zurück, und der alte Stuhl knackte. Ängstlich rief Mordeen: »Wer ist da?« Einen Augenblick später stand sie auf der Schwelle. Als sie Victor erblickte, hielt sie an, hob die Hände und stemmte sie gegen den Türrahmen. »Oh!« sagte sie. »Du bist es. Warum hast du nicht geantwortet?«

Victor wippte ein wenig auf den Hinterbeinen des Stuhles und schlürfte den puren Whisky aus seinem Glas. »Joe Saul hat mich gebeten, auf dich achtzugeben, während er in der Stadt ist. Er hat mich beauftragt, er hat es mir befohlen.«

»Was willst du, Victor?« fragte sie beunruhigt. »Du solltest jetzt nicht trinken.«

Er leerte sein Glas und füllte es wiederum. Seine Augen tasteten über ihren Leib. »Komm herein«, sagte er, »komm herein, wir wollen beisammen sitzen und uns unterhalten.«

Einen Augenblick lang zögerte sie, dann wurde ihr Gesicht zu einer Maske, verschlossen, gespannt und abwartend. Sie ging hinter dem Tisch vorbei und setzte sich auf das Lager unter dem Fenster. Draußen rief eine Kuh kläglich nach ihrem Kalb.

Abgehackt und leise fragte Mordeen: »Victor, was willst du?«

Er riß seinen Stuhl herum und schaute sie an, dabei stützte er die Ellbogen auf den Tisch und schlug ein Bein über das andere. »Wollte mir nur die Zeit ein wenig mit dir vertreiben«, sagte er. »Sah ja ganz so aus, als sollte ich nie mehr mit dir sprechen können. Ist das nicht komisch? Und dabei meine ich, du selbst müßtest mit mir sprechen wollen.«

Mit ausdruckslosen Augen starrte sie ihn an.

Victor tat wieder einen Schluck aus seinem Glas und setzte sich noch bequemer zurecht. Hingelümmelt saß er auf dem Stuhl. Eine kleine goldene Medaille leuchtete an seinem Hals. »Und da erfahre ich diese interessanten Neuigkeiten, aber nicht von dir. Ich erfahre sie vom alten Joe Saul. Und ich hatte gedacht, du selbst müßtest das Verlangen haben, mir Näheres darüber mitzuteilen.«

Schließlich antwortete sie mit monotoner Stimme: »Wenn du dich genug aufgespielt hast, vielleicht sagst du mir dann, was du willst.«

Victor lächelte. »Du willst doch nicht etwa so tun, als wüßtest du nicht, worüber ich mit dir sprechen möchte, oder?«

»Ich weiß, wovon du sprichst«, sagte sie, »aber ich weiß nicht, was du sagen willst.«

Er setzte das übergeschlagene Bein neben das andere und beugte sich zu ihr vor. »Glaubst du denn, ich hätte kein Interesse an meinem Kind?« fragte er.

Ohne Betonung erwiderte sie: »Es ist nicht dein Kind, Victor, es ist Joe Sauls Kind.«

Jetzt lachte er laut auf. »Mordeen«, sagte er, »glaubst du vielleicht, wenn du das oft genug wiederholst, werde es wahr?«

»Es ist wahr«, sagte sie.

Da sprang er wütend auf. »Gelogen ist es«, schrie er. »Du weißt, daß es nicht wahr ist, und ich weiß es auch. Du weißt, daß Joe Saul kein Kind zeugen kann. Du weißt es. Es gefällt mir nicht, einfach benutzt zu werden. Es gefällt mir nicht, ausgeschlossen zu sein von etwas, das mein ist. Versuch es nicht mit irgendwelchen Listen, das kann ich nicht leiden. Es ist mein Kind. Ich habe genug Mädchen in Schwierigkeiten gebracht, also weiß ich, daß mit mir alles in Ordnung ist – und dies hier ist das erste, das zur Welt gebracht werden soll. Glaubst du denn, ich habe gar kein Gefühl für mein eigen Blut? Glaubst du, ich lasse es mir gefallen, einfach zum Trost für Joe Saul als Deckhengst benutzt zu werden? Ist das fair? Er bekommt alles, und ich werde wieder zurückgeschickt in den Pferch.«

»Du hast das bekommen, was du wolltest, wie du selbst gesagt hast«, erklärte sie kalt. »Du hast das bekommen, was du begreifen kannst.«

»Fange nicht wieder damit an«, rief er wütend, »mit dem, was ich begreifen und dem, was ich nicht begreifen kann. Ich glaube, ich habe dir ausreichend Beweise gegeben, daß ich das gleiche begreife wie du. Auch wenn du mir danach nicht mehr hast nahekommen wollen.«

»Victor, quäle mich nicht.«

»Dich nicht quälen. Erst verstehe ich nicht, und dann soll ich dich nicht quälen. Ich verstehe genug, um zu wissen, daß es mein Kind ist. Begreife das endlich!« Voller Wut beugte er sich zu ihr vor und schlug zur Bekräftigung seiner Worte mit der geschlossenen Faust auf den Tisch.

Sein Zorn erregte den ihren. Sie erhob sich, und ihre Stimme kämpfte gegen die Beherrschung, die sie ihr auferlegte. »Victor, ich habe dir gesagt, dich gebeten, ja, dich beschworen, du mögest glauben, daß ich alles auf der Welt täte, um Joe Saul Frieden zu geben, aus Liebe zu ihm.«

»He!« schnaubte er.

»Und ich wiederhole es, und ich warne dich davor, es etwa nicht zu glauben.«

»Was wird er sagen, wenn er erfährt, daß es mein Kind ist, wenn er erfährt, daß du mit mir draußen in der Scheune warst, während er betrunken dagelegen hat?«

Wild rief sie: »Es ist Joe Sauls Kind, empfangen in Liebe zu ihm. Sein Gesicht war es, das ich über mir schweben sah. Seine Arme waren es, die ich um mich spürte, nicht die deinen. Du selbst kommst hier gar nicht vor, Victor. Das bißchen Samen mag der deine gewesen sein, ich habe es vergessen. Aber keine Liebe wurde gegeben, angeboten oder genommen. Nein! Es ist Joe Sauls Kind, Joe Sauls und das meine.«

Sie schaute zu ihm hinüber wie eine Katzenmutter, deren Krallen zu sehen sind. Dann setzte sie sich mit leuchtenden Zähnen und zitternden Nasenflügeln wieder auf das Lager. Sie atmete in kleinen Stößen. »Und nichts und niemand vermag das zu ändern. Es war mir auferlegt, etwas Seltsames zu tun. Ich mußte meine Scham in der Riesenhöhle meiner Liebe verstecken, um es tun zu können. Weder du noch irgendeine Überlegung können dies Kind Joe Saul wegnehmen. Glaube es doch, Victor. Wenn ich tun konnte, was ich schon getan habe, bedenke, wozu ich jetzt noch imstande bin.«

Ihre Kraft war so groß, daß Victor sich geschlagen fühlte. Er stand auf und ging zur Tür. Und plötzlich warf er sich vor ihr zu Boden, umfaßte ihre Gelenke und legte das Gesicht auf ihre Füße.

»O Gott! Ich bin ja so allein!« Seine Verzweiflung

war schwer wie ein grauer Stein. »Was habe ich nur getan, Mordeen? Welch ein Verbrechen habe ich begangen? In der Nacht denke ich an die Dinge, die du gesagt hast, Mordeen, ich habe darüber gelacht und bin weggelaufen zu Frauen, um zu beweisen, daß deine Worte nicht wahr sind – und sie sind doch wahr.« Er hob das Gesicht und schaute sie an. »Ich wünschte, ich hätte Joe Saul nie gesehen. Ich wünschte, ich hätte niemals deine Augen gesehen, wie sie ihn heiß und leuchtend und glücklich anschauen. Wenn ich dies nicht erfahren hätte, könnte ich zu den Stadtmädchen gehen, an ihren Blusen fingern, ihr Gekicher zum Schweigen bringen und mit ihnen schlafen. Aber jetzt höre ich über den kleinen, schrillen Schreien entzückter Abwehr deine Stimme. Hinter ihren kalten, finnigen Brüsten spüre ich deine starke, sichere Wärme.« Und voller Elend sagte er: »Ich liebe dich. Und das ist anders als alles, was ich bis jetzt erfahren habe. Es ist ganz verschieden davon wie – wie – du hast es einst selbst gesagt – wie Milch.«

Über ihr Gesicht hatte sich der Ausdruck des Mitleids gelegt, während sie zu ihm niederblickte. »Armer Victor, du wirst es finden. Wenn du offen dafür bist, fähig, es zurückzugeben, wird es zu dir kommen.«

»Ich habe mir das auch gesagt, habe dagegen angekämpft, Mordeen. Aber ich habe diese Art von Liebe gefunden, und mein Inneres schreit es mir zu, daß dies sich nur einmal im Leben ereignet.« Er erhob sich zum Knien. »Es brüllt mich an, daß ich verloren bin, wenn ich mir dies nicht rette, dieses einzige, von dem ich über alle Zweifel hinaus weiß, daß es wahr ist. Mordeen«, rief er, »ich bin wahnsinnig. Ich glaube, ich kann nicht länger leben. Ich sage das nicht, wie solche Dinge meist so hingesagt werden, aber ich glaube wirklich, ich kann nicht mehr leben. Ich habe ein wildes Tier in mir, das mir die Eingeweide zerreißt.« Und tatsächlich war er zermürbt von Schmerz.

»Jetzt weißt du es also«, sagte sie leise. »Jetzt weißt du, warum ich getan habe, was ich tun mußte. Ich habe nicht geglaubt, du könntest es fassen.« Voller Mitgefühl legte sie ihm die Hand auf die Stirn und glättete seine Haare. Plötzlich verhüllten schwere Gewitterwolken den Sonnenschein, und das Licht in der Küche wurde düster. Der Radioapparat sagte leise den Preis von Weizen, Gerste, Mais, Hafer, Heu, Schweinen, Stieren, Kälbern und Schafen wie eine hingemurmelte Litanei.

Mordeen fuhr fort: »Ich glaube, es wird ein Wetter kommen. Kannst du nicht fortgehen, Victor? Wenn es so um dich steht, wäre es nicht besser, du lebtest anderswo, denn unser Leben hier wird sich nicht ändern. Nichts kann es ändern. Du hast es dir durch den Sinn gehen lassen, Joe Saul umzubringen, nicht wahr, Victor?«

»Ja«, sagte er nahezu tonlos.

»Auch das würde nichts ändern. Ich wäre immer noch Joe Sauls Frau, und dies hier wäre sein Kind. Und dir, Victor, wäre kälter zumute als einem einsamen Eisblock, du müßtest sterben in dieser Kälte aus Haß. Mache dich mit dem Gedanken vertraut, wegzuziehen. Dies Jahr wird vergehen, und es wird besser werden und besser und noch besser, und eines Tages vergangen sein vor einem herrlichen neuen Erlebnis.«

Die Küche war nun völlig dunkel, und ein ferner Donnerschlag ließ die Luft erbeben. Victor legte die Wange auf ihre Knie, und die Zeit und das Jahr rollten, wie die Erde dahinrollt, schwankend wie ein müder Baumwipfel. Das Jahr wandelte sich, und die Erde beschrieb die große Ellipse. Das Jahr und die Jahreszeit gingen über dieses Haus hinweg. In Mordeen wuchs das Kind. Und das Jahr rollte weiter.

»Ich habe schon daran gedacht«, sagte Victor. »Ich kann mir auch mit dem Verstand befehlen: jetzt geh, aber ich weigere mich doch. Und werde mich weiter weigern. Das weiß ich. Denn ich denke an den Sommer, der jetzt endet, und an die Stoppeln auf dem Feld und an das Heu, das bis zum Scheunenfirst reicht, und an die Falläpfel im Obstgarten – und an dich mit dem süßen Anschwellen unter den Brüsten, und an mein Kind, das gegen diese zarten Wände strampelt und sich dreht, und an mich, der die Hand nicht dorthin legen darf, um das neue, rege Leben zu spüren.«

»Still, Victor. Es ist nicht dein Kind. Ein Jahr wird deinen Kummer herausziehen wie einen Heftfaden.«

»Ein Jahr«, sprach er in den dämmernden Raum. Und ein Donner dröhnte in der Ferne, und ein blauer, zackiger Blitz bebte durch das Zimmer. »Ich kenne das vorüberziehende Jahr. Der Herbst läßt alles erkalten, und der Rauhreif macht die saftigen Gräser beim Fluß unter den zerschlissenen Pappeln spröde und gelb. Die Amseln haben sich eine Woche lang aufgeregt versammelt und sind jetzt fortgezogen. Der Wind und die in Pfeilform fliegenden Wildenten ziehen über den brandroten Sumach hinweg nach Süden. Und du – du gehst schwer auf ganzen Füßen, die Schultern zurückgelegt, um das Gleichgewicht zu halten mit dem immer größerwerdenden Gewicht meines Kindes, und dein Gesicht strahlt, und deine Augen lächeln

76

den ganzen Tag über, und dein Mund zieht sich vielleicht nach oben und lächelt, wenn du schläfst.«

»Still, Victor«, erwiderte sie müde. »Es ist nicht dein Kind. Und findest du nicht, daß es ein wenig kalt ist hier drinnen? Der Regen wird wohl bald zu Hagel werden.«

Das Jahr glitt vorüber, und die endlose Arbeit der alternden Erde ging weiter.

Der Wind fegte mit geisterhaftem Geheul um die Ecken des Hauses.

»Im Laufe eines Jahres kann der Mensch nahezu alles vergessen, Victor.«

»Ich kenne dieses Jahr«, sagte er voller Elend in der Stimme. »Ich weiß, wie die weißen Schneewehen sich herunterwölben zu dem silbernen Eis über den seichten Stellen des Teiches. Ich kenne die schwarzen, vom Sturm gepeitschten Zweige der Birnbäume und die Hunde, die herumschnüffeln und winseln im zugigen Vorhof. Ich spüre, wie die Eisluft mir in die Nase brennt, spüre blaue, schmerzende Fingernägel und den säuerlichen Apfelwein. Einen Christbaum bringt man heute aus dem Wald. Und du, Mordeen, ruhig und müde vom Warten, du gehst stumm hin und her mit nach innen gekehrten Augen, Ohren und Gefühlen, um mein Kind zu belauschen, zu sehen und zu fühlen.«

Sie saß da in dem stählernen Licht und machte eine erregte, schwerfällige Bewegung. »Es ist nicht dein Kind, Victor. Es ist Joe Sauls Kind«, sagte sie mit dunkler, eintöniger Stimme. »Mach Licht, Victor, und fach das Feuer an. Die Kälte kriecht von allen Seiten herein. Jetzt ist es wirklich Winter. Meine Wartezeit ist fast vorüber. Und bald werden Freund Ed und Joe Saul mit dem Weihnachtsbaum kommen. Schaufle einen breiteren Pfad zur Landstraße, damit die den Baum hereintragen können.

Sie sagten, er werde bis an die Decke reichen. Und, Victor, ich wünschte, du könntest die Kraft finden, fortzugehen. Ich habe dein Leiden gesehen in diesem lebenslangen Jahr. Bald wird die Geburt statthaben, Victor. Bitte, versuche, wegzugehen. Meine Gefühle haben sich in diesem Jahre nicht gewandelt. Es ist Joe Sauls Kind. Ihn beschütze ich in diesem Kind. Ich warne dich, Victor.«

Da schrie er auf: »Ich liebe dich, Mordeen, ich kann nicht fortgehen.«

Er erhob sich, drehte das Licht an, öffnete den Herd und stocherte in dem sterbenden Feuer, bis es wieder aufflammte. Draußen dämmerte es. Die Fenster zeigten weiße Ränder, und große, federige Flocken sanken herab.

Der harte Winter lag über dem Land, kroch an die Türen und Fenster und schaute weiß herein. Mordeen stützte sich schwerfällig vom Lager in die Höhe. Ihre Schultern fielen nach hinten ab, und das Kind lag tief und groß in ihrem Leib. Sie schob sich langsam durch den Raum, füllte den Teekessel und stellte ihn auf den Herd. Eine ihrer Hände ruhte auf dem Leib, als wollte sie helfen, die Bürde zu tragen, die hinabzog. Dann blieb sie stehen und lauschte. »Ich glaube, sie kommen. Geh und hilf ihnen, Victor. Hilf ihnen, den Baum durch die Tür zu bringen. Und bitte, denke an das, was ich dir gesagt habe.«

Victor schaute hinaus und öffnete dann die Tür zum Vorhof. Ein Schauer von Schnee stürzte herein. Freund Ed und Joe Saul schleppten einen schönen, großen Tannenbaum den Pfad entlang. Sie hoben ihn die Stufen herauf bis zur Schwelle, und Victor packte ihn und zog die beschneiten Zweige durch die Tür. Joe Saul und Freund Ed standen in dem zugigen Vorhof, stampften und schlugen sich die Schultern. Lachend standen sie da, nahmen die Mäntel ab, stießen an der Stufe das Eis von ihren Stiefeln und traten dann in die angenehm warme Küche. Ihre Wangen waren rosig vor Kälte, und ihre Augen tränten. Vor dem Herd rieben sie sich die Hände, um sie zu wärmen.

»Wir werden ihn abschneiden müssen«, bemerkte Freund Ed. »Ich habe dir gleich gesagt, daß er zu groß ist.«

Mordeen hatte inzwischen einen Besen geholt, um den Schnee wegzufegen, ehe er schmolz. Sie bewegte sich langsam mit sorgsam wiegendem Schritt.

Joe Saul rief: »Mir ist ein zu großer, den ich abschneiden muß, lieber als ein zu kleiner, der es nötig hätte, gestreckt zu werden. Halt, Mordeen, gib mir den Besen. Du sollst das nicht tun. Komm, setz dich nieder und laß uns das alles machen.«

Lächelnd sagte sie: »Es ist nicht einfach zu lernen, andere meine eigene Arbeit verrichten zu sehen. Du wirst es vielleicht noch bedauern, daß du so eine Faulenzerin aus deiner Frau gemacht hast.«

»Du wirst das Arbeiten schon wieder lernen«, erwiderte Joe Saul lachend. »Aber nicht jetzt. Die Arbeit, die du im Augenblick verrichtest, ist viel wichtiger. Ich habe vorhin Freund Ed erzählt, wie ich mich erschreckt hatte, als das Kind sich bewegte. Ich lag im Bett und war, glaube ich, halb eingeschlafen, da spürte ich diese kleine, geheime Bewegung und war mit einmal hellwach.« Er schaute hinauf und lächelte, in Erinnerung versunken. »Zuerst war es, als habe mich jemand berührt, um meine Aufmerksamkeit zu erregen, aber ganz sanft. Und dann fühlte ich ein kleines, verstohlenes Kriechen wie das eines zarten Kätzchens. Dann kam ein kleiner Stoß und dann – du magst es glauben oder nicht – ein Schütteln wie ein lautloses Gelächter und ein Krabbeln. Ich fühlte es meine Wirbelsäule hinaufklettern und wieder herunterpurzeln. Und dann dieses kleine Gelächter. Nun, es erschreckte mich. Ich meinte zuerst, einer der Hunde wäre zu uns ins Bett gekrochen. Und ich setzte mich auf und drehte das Licht an. Mordeen erwachte nicht davon. Und wißt ihr, was es war?« Er zeigte mit dem Finger hin. »Das Kleine, das in der Dunkelheit seiner Mutter spielte.« Er lachte voller Behagen, und Mordeen lächelte. Victor ging rastlos hin und her.

Freund Ed sagte: »Ich weiß, wie das ist. Und wenn du einmal einen richtigen Krawall spüren willst, mußt du Zwillinge bekommen. Ich glaube, sie spielen Schlagball. Was hat der Doktor gesagt, Mordeen, sind es etwa Zwillinge?«

»Nein«, antwortete sie, »es ist nur eines. Und es liegt vollkommen richtig. Ich habe es gesehen«, berichtete sie wie von einem Wunder. »Ich habe es auf der Röntgenplatte gesehen. Erst wußte ich gar nicht, was es war. Wißt ihr, wie es aussah? Nun, es sah aus wie das Schiff einer Kathedrale mit einem gewölbten Dach und einer großen Säule, das waren die Rippen und die Wirbelsäule. Zuerst konnte ich beim besten Willen kein Kind erkennen, bis Dr. Zorn es mir zeigte. Dann sah ich es, da war es mit dem Kopf nach unten und zusammengeballt wie ein junges Kätzchen.«

Erregt rief Joe Saul: »Wie sah es aus? Was konntest du sehen?«

»Nun, alles«, erwiderte sie. »Den Kopf, die kleinen Arme, die angezogenen Beinchen und Füße. Erst hat es oft gestrampelt, aber jetzt liegt es ganz ruhig. Das hatte mich ängstlich gemacht. Ich dachte, irgend etwas sei vielleicht nicht in Ordnung.

Aber Dr. Zorn sagt, es könne nicht besser liegen. Das Kleine schläft jetzt, bis es seinen großen Kampf durchzufechten hat.«

Victor sagte erregt: »Wenn ihr den Baum nicht jetzt gleich aufstellt, möchte ich gern auf meine Kammer gehen. Mir ist nicht ganz gut.«

»Geh nur«, pflichtete Joe Saul ihm bei. »Wir werden den Baum erst nach dem Abendessen herrichten.« Und Victor sagte: »Mir ist nicht ganz gut«, und rannte fast aus dem Zimmer. Mordeen schaute ihm nach.

»Ich weiß gar nicht, wie wir mit diesem Riesenbaum fertig werden sollen«, sagte Mordeen. »Er nimmt ja fast den ganzen Raum ein.«

»Das soll er auch«, rief Joe Saul. »Höre, Mordeen, ich möchte so gerne diese Platte sehen. Meinst du, ich kann sie bekommen?«

»Der Doktor will sie noch genau studieren«, erwiderte sie. »Aber wenn du in seine Sprechstunde gehst, wird er sie dir bestimmt zeigen.«

»Vielleicht wird er mir später erlauben, sie zu behalten«, meinte Joe Saul. Er setzte sich an den Tisch und streckte wohlig die Arme von sich. »Wenn wir nächste Weihnachten wieder einen Baum aufstellen, Freund Ed, dann wird der Kleine darunter sitzen und seine eigenen Geschenke haben. Was ich ihm wohl schenken werde zu seinen ersten Weihnachten? Ich muß mir das überlegen. Aber dazu habe ich ja noch ein ganzes Jahr lang Zeit.«

»Irgend etwas Rundes, Weiches oder Glänzendes«, riet Freund Ed. »Das ist alles, was sie im ersten Jahr interessiert. Aber höre mal, es wäre, glaub' ich, besser, nicht von ›ihm‹ zu sprechen. Es könnte ja auch ein Mädchen sein.«

»Das ist mir gleich«, antwortete Joe Saul. »Ich hätte gern ein Mädchen. Ich liebe das, was ich bekommen.« Er wandte sich Mordeen zu. »Geh doch ins Schlafzimmer und lege dich nieder«, forderte er sie auf. »Ich mache jetzt das Abendessen zurecht und rufe dich, wenn alles fertig ist. Freund Ed wird mit uns essen und mir vorher helfen.«

Langsam und nachgiebig stand sie auf. »Ich werde wirklich verwöhnt«, sagte sie lächelnd. »Und es gefällt mir gar nicht schlecht. Du hast eine faule Frau, Joe Saul, und bist selbst schuld daran.«

Er erhob sich, ging zu ihr, nahm ihr Gesicht zwischen die Hände und schaute ihr in die Augen, indem er ihr Kinn hochhielt. Und ein kleines, entzücktes Lachen schüttelte ihn. »Sieh, sieh nur, Freund Ed, ist sie nicht wundervoll!« Und plötzlich zitterten seine Lippen, und er blickte zur Seite. Und Mordeen ging schwer zur Tür hinaus.

Joe Saul stocherte im Feuer und setzte eine große Pfanne auf den Herd. »Ein geschmortes Abendessen wird es geben«, sagte er. »Ob du es magst oder nicht, das ist es, was du bekommen wirst, Freund Ed.« Er machte sich mit raschen Bewegungen an die Vorbereitung. »Geschmorte Leber und geschmorte Tomaten und Milch und Tapioka zum Nachtisch. Möchtest du einen Schluck Whisky, Freund Ed?«

»Ich hätte nichts dagegen.«

Joe Saul trug Flasche und Gläser zum Tisch und schenkte voll ein. »Eine Minute braucht es, bis die Pfanne heiß wird«, sagte er. »Alles ist fertig. Ich habe es heute morgen schon zubereitet. Wenn ich die Leber backe, können wir essen.« Er trank seinen Whisky halb aus und setzte das Glas auf den Tisch nieder. »Es ist seltsam, Freund Ed«, sagte er, »natürlich weiß man, daß das Kind existiert – natürlich existiert es –, aber es ist ein Mysterium. Wahrscheinlich kann man gar nicht so recht daran

82

glauben, ehe es nicht wirklich geboren ist. Aber sie hat es *gesehen,* wirklich, seinen Kopf, seine Arme und Beine. Das ist etwas anderes. Das ist etwas ganz anderes. Das macht es wirklich. Es ist nicht mehr nur ein Gedanke oder ein Wunsch oder ein Bittgebet. Es ist etwas Wirkliches. Oh, ich muß diese Platte sehen, dieses Bild. Ich muß es sehen. Morgen will ich hingehen.«

»Ich verstehe, was du meinst, Joe Saul. Es ist wahr.«

Da wurde die Tür aufgerissen, und Victor stand vor ihnen. Seine Augen blickten wild, er trug seinen Mantel, und hielt einen Koffer in der Hand.

»Ich kann es nicht aushalten! Ich muß weg. Ich gehe – jetzt – jetzt gleich!«

Joe Saul schaute ihn voller Staunen an. »Gehen? Was ist los mit dir, Victor?«

»Nun, ich – ich kann es nicht mehr aushalten, das ist alles.«

»Kannst du mir nicht sagen, wovon du sprichst?« fragte Joe Saul.

Ein qualvoller Kampf spielte sich in Victors Innerem ab. Aus seinen Augen sprach schmerzlichstes Leiden, gemischt mit Haß, Sehnsucht und Liebe.

Joe Saul fragte: »Willst du fort, weil ich dich geschlagen habe, Victor?«

Einen Augenblick lang schwankte Victor, kämpfte mit sich selbst und wählte schließlich diesen Weg.

»Ja, deshalb«, sagte er. »Ich kann nicht an einem Ort bleiben, wo man mich geschlagen hat.«

»Aber ich habe mich doch entschuldigt«, erinnerte Joe Saul. »Ich sagte dir, daß es mir leid täte. Hat es dich so sehr verletzt, Victor?«

»Ja.«

83

»Es tut mir so leid. In solch einer Freudenzeit mutet es mich besonders traurig an. Kann ich nicht irgend etwas für dich tun?«

Victor kämpfte mich sich, und seine Erregung bekam die Oberhand. »Nein!« schrie er, »nein. Ich gehe!« Er wandte sich um und rannte, als könnte er sich selber nicht trauen. Er lief aus der Tür und ließ sie weit offen stehen.

Joe Saul seufzte. Er ging zur Tür, schaute hinaus, schloß sie dann leise und kehrte zum Tisch zurück. »Und ich dachte, er hätte es vergessen«, sagte er. »Es tut mir wirklich sehr leid, daß er es so schwer nimmt. Er hat nicht einmal gesagt, wohin ich ihm seinen Lohn schicken soll.«

Mit Unbehagen riet Freund Ed: »Laß ihn nur gehen. Er ist jung, und in der Jugend nimmt man alles schwer, Joe Saul. In der Jugend kommt einem jede kleine Seelenlast wie ein Felsen vor. Laß ihn nur gehen. Es gibt viele Victors. Du wirst leicht einen neuen finden.«

»Wahrscheinlich hast du recht. Ich wünschte nur, ich hätte ihn nicht geschlagen. Ich schäme mich dessen.«

»Vielleicht schämt er sich auch.«

»Weshalb sollte er sich schämen?«

»Weil er davonläuft.«

»Mich bedrückt das Ganze, weil ich schwach war. Ich möchte meinem Kind keine Schwäche vererben.«

Er trank den Rest seines Whiskys aus. »Du weißt, daß ich gesagt habe, es solle nächstes Jahr ein Geschenk bekommen. Aber es ist doch schon jetzt etwas Wirkliches, Anwesendes, durch diese Platte, dieses Bild. Es ist da, und ich kann es sehen. Es ist näher als in einem anderen Zimmer. Nur eine dünne, weiche Wand trennt uns. Vielleicht kann es schon hören und fühlen. Ich will ihm bald ein Geschenk machen.«

»Du bist verrückt, Joe Saul. Du bist vollkommen verrückt.«

»Vielleicht bin ich verrückt, aber so hoffe ich zu bleiben. Ich hatte einen seltsamen Gedanken. Es ist da, es ist da. Warum sollte ich ihm nicht schon in diesem Jahr ein Geschenk machen? Warum nicht?«

Freund Ed grinste. »Wäre vielleicht ein bißchen schwierig, es ihm zu überreichen. Du bist wirklich verrückt, Joe Saul.«

»Oh, ich könnte ihm sehr wohl ein Geschenk machen. Ich habe schon überlegt, was ich ihm geben könnte. Wenn ich auch die Schwäche hatte, Victor zu schlagen, so habe ich doch vielleicht auch etwas Starkes. Ich dachte daran, als ich den Wunsch aussprach, zu Dr. Zorn zu gehen, um das Bild zu sehen, und jetzt denke ich noch mehr daran. Ich will meinem Sohn reines Blut geben.«

»Das hast du ja schon getan«, sagte Freund Ed unsicher. »Wovon redest du denn?«

»Ich will ihm den Beweis davon bringen. Das meine ich – ein Attest. Ich kann Zorn bitten, mich zu untersuchen, Kopf, Herz, Leib, alles. Vielleicht kann ich zu meinem Kind sagen: ›Das ist es, was dir dein Vater zu allererst mitgegeben hat: Kraft, Gesundheit und reines Blut.‹ Das wäre kein schlechtes Geschenk, Freund Ed.«

»Ich glaube jetzt wirklich, du bist verrückt«, sagte dieser ängstlich. »Das ist ein ganz alberner Gedanke, der mir gar nicht gefällt. Ich möchte nicht, daß du das tust.«

»Du möchtest es nicht. Und warum nicht? Ich kann ihm die von Dr. Zorn unterzeichneten Papiere geben, vielleicht schön gerollt wie ein altes Pergament mit einem großen Siegel und zusammengebunden mit einem roten Band wie ein Diplom. Ich könnte es ihm an den Baum hängen. Das erste Geschenk, das er bekommt, und das beste.«

»Tu es nicht. Zorn wird dich für verrückt halten, wie ich auch. Er könnte das auf dem Papier vermerken.«

Aber Joe Saul schenkte beide Gläser wieder voll mit Whisky. Dann beugte er sich über den Tisch zu Freund Ed. »Sage Mordeen nichts davon. Ich will es im Geheimen tun und als eine Art Scherz, den ich aber ernst nehme. Ich bin noch nie gründlich untersucht worden. Es wird ihr auch Freude machen. Sag ihr nichts davon, Freund Ed.«

Freund Ed stand auf. »Ich will nicht, daß du das tust. Es gefällt mir nicht. Es ist – es ist verrückt.«

Völlig ruhig entgegnete Joe Saul: »Und ich finde, es ist das Klügste, was ich tun kann. Ich weiß wirklich nicht, warum ich es nicht schon viel früher getan habe.«

Er erhob sein Glas und rief: »Ich mache ihm ein Geschenk! Ich muß sicher sein, daß alles in Ordnung ist. Ich mache ihm das größte Geschenk der Welt. Ich gebe meinem Sohn Leben.«

III. AKT, ERSTE SZENE

Das Meer

Die winzige Kajüte des kleinen Frachters war alt, behaglich und verbraucht. Auf der einen Seite gab es einen kleinen Eßtisch mit erhabenem Rand; bequeme Drehstühle waren am Boden festgemacht, und Wasserflaschen und Gläser standen in Gestellen auf der kleinen Anrichte. Die Wände waren mit dunklen, seit Jahren geölten und geputzten Holzpaneelen getäfelt, und das Kupfergeschirr glänzte. An der einen Wand befand sich unter aufgehängten Ölmänteln eine breite Kiste, die, gut gepolstert, als Bank diente. Zwei tiefe Ledersessel standen vor einem kleinen, mit Ziegeln eingefaßten Kohlenrost, und auf der Einfassung sah man das Modell eines Schoners, tadellos und kunstvoll bis in jede Einzelheit ausgeführt, daneben einen kleinen, künstlichen Weihnachtsbaum, geschmückt mit Flitter, Silberfäden und roten Glaskugeln. Ein schmales Gestell über dem kleinen Kamin enthielt Werkzeuge für die Feuerung: einen kurzen, schweren Schürhaken, eine Schaufel und Zangen. An der Wand unter den Bullaugen hingen Trophäen vieler Reisen in viele Gegenden, Wurfspieße und Keulen aus Afrika, Stäbe und scharfgezähnte Speere aus Südpolynesien, Dolche, Stilette, ein oder zwei dämonische Masken und, an den Haaren aufgehängt, ein zusammengeschrumpfter, schwarzer, schreckenerregender Menschenkopf.

Die Tür stand offen, man blickte auf das Geländer einer Anlegebrücke, darüber hinaus auf dunkle

Docks und dahinter auf große, erleuchtete Gebäude und Neonlichter, die gegen den Nachthimmel strahlten. Eine zweite, geschlossene Tür führte zu den Schlafkabinen. Auf dem Eisenrost glühte ein kleines Kohlenfeuer.

Von draußen drangen die Hafengeräusche herein, das Tuten der Schlepper, das Stampfen der Maschinen, das Zischen von Dampf, das Rollen der Ladekrane auf Deck und das Knirschen von Treibriemen und laufenden Getrieben. Hinter den Hafengeräuschen ließ sich die Stadt vernehmen mit Straßenbahnen, Lastwagen, Autohupen und Automatenmusik.

Mr. Victor in blauer Maatsuniform mit Käppi trat in die Kajüte. Er schaute sich nervös um; dann ging er zu dem kleinen Kamin, stocherte in den Kohlen und rasselte mit dem Schürhaken auf dem Eisen. Ein Schlepper sandte sein Abfahrtssignal über die Wasser. Und in der Stadt heulte eine Feuersirene ihre Tonskala auf und ab. Mr. Victor stand da und betrachtete den Weihnachtsbaum auf dem Ziegelsims. Von der anderen Seite aus der geschlossenen Tür kam Mordeens verschleierte Stimme, die rief: »Joe Saul!« Mr. Victor warf den Kopf herum. »Joe Saul!« rief die Stimme abermals in beunruhigend angstvollem Ton.

Mr. Victor trat an die Tür und öffnete sie. »Er ist nicht da«, sagte er. »Komm heraus, ich muß mit dir sprechen.« Dann trat er wieder zum Kamin, rieb sich dicht über den Kohlen die Hände und wiederholte, zur offenen Tür gewandt: »Komm her, Mordeen, ich muß mit dir sprechen.«

Einen Augenblick später stand sie auf der Schwelle, das Haar wirr von den Kissen und die Augen noch unscharf und verstört vom Schlaf. Sie sagte: »Ich hatte einen Traum.« Und dann, als ob sie plötzlich zu sich komme: »Wohin ist Joe Saul gegangen?«

»An Land«, antwortete Mr. Victor. »Er hat mich gebeten, bei dir zu bleiben, im Falle du etwas brauchen solltest.«

»Die Zeit ist nahe, Victor«, sagte sie. »Ich habe die ersten Wehen gespürt, vielleicht falsche Wehen, aber meine Zeit ist nahe. Ich will, daß Joe Saul hier bei mir bleibt. Ich brauche ihn.« Sie ging auf und ab mit schweren, schwankenden Schritten, wie Frauen tun in ihrer Rastlosigkeit vor der Geburt.

»Setze dich«, sagte Mr. Victor.

»Nein«, entgegnete sie. »Das Sitzen ist mir jetzt unbequem.« Dann lachte sie kurz auf. »Eine Frau hat mir einmal erzählt, sie habe immer gewußt, wann es soweit war mit dem Kind, weil sie dann immer das Bedürfnis hatte, die untersten Schubladen ihrer Kommode zu säubern und zu ordnen. Nun, mir ist gerade eingefallen, daß der Boden meiner Kabine voller Staub sein müsse, und es verlangt mich deutlich danach, mich hinunterzubeugen und ihn zu reinigen. Ich nehme an, ich darf dies als ein Zeichen ansehen. Deshalb will ich Joe Saul hier haben. Wenn er nicht gleich zurückkehrt, bitte ich dich, Victor, nach ihm auszuschauen. Es ist bald soweit, sehr bald.«

Brodelnde Erregung ergriff jetzt von Victor Besitz. Er rückte einen der großen Sessel von seinem Platz. »Nein«, sagte er schließlich leise, hielt sich aber nur mit größter Anstrengung vom Schreien zurück. »Ich kann nicht. Ich habe es versucht, Mordeen. Ich habe versucht, mich zu überwinden. Aber ich weiß, noch ein weniges, und dann kann ich mich nicht mehr halten – und ich will nicht wissen, was ich dann tue.« Er streckte die Arme von sich und rief: »Schau, ein eisiges Schütteln geht durch meinen Leib. Die Hände wollen nicht mehr stillhalten. Ich kann dich nicht lassen, Mordeen.«

»Mich nicht lassen? Victor, wovon sprichst du?« Ihr Gesicht war voller Angst.

»Ich habe keinen anderen Gedanken mehr!« rief er aus. »Ich kann nicht anders. Du bist meine Frau, und dies ist mein Kind. Ich brauche euch beide.«

»Bist du wahnsinnig?« Sie stand jetzt vor ihm. »Ich bin nicht deine Frau.«

»Vielleicht bin ich wahnsinnig«, erwiderte er. »Und womöglich werde ich es noch mehr. Du mußt sofort mit mir kommen. Du bist meine Frau, und ich will nicht, daß mein Kind hier zur Welt kommt.«

»Steuermann Victor«, sagte sie im Befehlston. »geh an deinen Posten! Und zwar augenblicklich. Wenn Joe Saul dich gehört hätte, würde er dich vom Schiff weisen oder dich umbringen. Geh an deinen Posten!«

»Nein«, entgegnete er verwundert. »Es ist zu spät. Ich muß dich haben und mein Kind.« Aus seiner Stimme sprach eine hysterische Heftigkeit, die immer größer wurde. »Ich muß das haben. Es wäre gut, wenn du ebenso großes Verlangen nach mir hättest, wie ich nach dir, aber ich muß dich haben, ob du es wünschst oder nicht. Du bist mein ganzes Leben. Ich will es nicht wegwerfen, mag daraus entstehen, was will. Schau«, rief er aus, »ich versuchte, wegzulaufen und dich und mein Kind dem alten Joe Saul zu überlassen. Und dann konnte ich es nicht durchhalten. Ich kam zurück. Und versuchte, klug zu sein und dazubleiben wie ein gehörnter Bock, um mein Weib und mein Kind in den Armen Joe Sauls zu sehen. Aber ich kann es nicht.«

»Victor«, sagte sie, »tausend- und aber tausend-

mal habe ich dir gesagt, warum ich dieses Kind
brauche. Ich liebe Joe Saul. Oh, es ist zum Wahn-
sinnigwerden!«

»Wahnsinnig oder nicht, es ist, wie es ist«, entgegnete er dumpf. »Ich will nicht das einzige wahre
Leben verlieren, das ich je gehabt habe, und sollte
die ganze Welt darüber in Trümmer gehen.«

Voller Wärme sagte sie: »Armer Victor, du verstehst nicht viel, aber dieses scheinst du ganz und
gar nicht zu verstehen.«

»Vielleicht muß ich es gar nicht verstehen«, antwortete er. »Du gehst mit mir fort – jetzt, heute
nacht. Ich habe ein Zimmer für dich, ich habe auch
einen Arzt. Komm fort von hier, jetzt. Du hast
mitzukommen«, seine Stimme hob sich, »und
wenn ich dich wegreißen muß.«

Nun, da sie seine wachsende Hysterie spürte, bekam sie Angst vor ihm. »Ich werde nicht mit dir
gehen, Victor. Weißt du das nicht? Nichts kann
mich veranlassen, von hier fortzugehen. Weißt du
denn das nicht?«

Er ließ den Kopf hängen und schwenkte ihn von
einer Seite zur anderen. »Es gibt nur noch einen
anderen Weg«, sagte er. »Wir können hier warten –
so wie jetzt. Wenn Joe Saul nach Hause kommt,
werde ich mit ihm sprechen und ihm alles erzählen.
Ich glaube nicht, daß du ihm in die Augen blicken
und sagen kannst: ›Es ist nicht wahr.‹ Dann wird er
dich hinauswerfen, und ich nehme dich mit mir.
Aber in seiner Wut könnte er dich und das Kind
verletzen. Ist es das wert, Mordeen? Oder nimm
an, er wird nicht wütend und läßt alles, wie es ist.
Dann mußt du mit seinem Haß gegen dich und
seinem Haß gegen das Kind leben. Und ich werde
es ihm bestimmt sagen, Mordeen. Selbst wenn ich
es nicht will, werde ich es tun.«

Ihr Körper verkrampfte sich plötzlich vor Schmerz. Sie neigte sich nach vorn, ihre Augen wurden weit, und sie biß sich auf die Lippen, bis die Wehe nachließ.

»Es beginnt. Laß mir Zeit«, flehte sie. »Bitte, Victor, gib mir Zeit zum Nachdenken. Jetzt kann ich nicht denken. Siehst du denn das nicht?«

»Nein«, antwortete er. »Ich habe es zu oft in meinem Hirn hin und her gewälzt. Ich wage es nicht, dir Zeit zu lassen. Nein, ich kann es mir nicht leisten, dir Zeit zu lassen. Die Zeit würde mich betrügen!« brüllte er plötzlich. »Ich sage dir, ich wage es nicht. Du mußt mitkommen.«

»Ich rühre mich nicht fort von hier«, entgegnete sie. »Er wird begreifen, und dann ist alles gut.«

»Das glaubst du selbst nicht, Mordeen. Wenn es so wäre, warum hat er dann kein Kind adoptiert? Weshalb dann sein unausgesetztes Reden von Blut und Familie? Nein, das kannst du nicht glauben.«

Da trat sie zu ihm und beschwor ihn: »Bitte, Victor, zerstöre nicht drei Menschenleben um eines einzigen willen. Er hat dir nie etwas zuleide getan. Warum willst du ihn töten und durch ihn gleichzeitig mich? Was bleibt dir dann noch? Bitte, Victor, zum mindesten laß mir Zeit.«

»Nein«, entgegnete er. »Zeit? Die Zeit ist mein Feind.«

Plötzlich wurde sie ruhig und sehr müde. »Victor, so viel ist geschehen. Während das Kind sich in meinem Leib formte und wuchs, ist auch in meinem Gemüt eine Wandlung vor sich gegangen. Ich bin nicht die gleiche wie zuvor. Die harten Ecken meines Wesens haben sich geglättet.«

Unsicher fragte er: »Ist das irgendein Kniff?«

»Nein«, antwortete sie ruhig. »Ich glaube nicht, daß dies ein Kniff ist, wenn ich mir hier nicht selbst etwas vormache. Zuerst, als ich dich um deine Hilfe bat, lebte ich im kleinen, geschlossenen Haus meines Kummers. Niemand existierte in meiner Welt außer Joe Saul und mir. Aber in diesen langen, schweren Monaten ist meine Welt gewachsen. Sie ist nicht mehr abgeschlossen.«

»Was willst du tun?« fragte Victor voller Unruhe.

»Ich versuche dir zu sagen, daß ich dich jetzt aufnehmen könnte.«

»Und wie steht es mit Joe Saul?« fragte er.

»Da hat sich nichts geändert. Ich liebe Joe Saul. Ihm darf kein Leid geschehen. Ich bin seine Frau.«

»Für was für eine Art von Narr hältst du mich eigentlich? Willst du vielleicht sagen, du wirst uns beide lieben?« fragte er.

»Nicht so, wie du meinst, Victor. Aber ich würde versuchen, die Familie aufzutun wie ein Gewand und dich mit hereinzunehmen.«

»Glaubst du, du könntest die Frau von zwei Männern sein?«

»Nein, Victor. Ich kann nur die Frau von Joe Saul sein.«

»Dann sage ich nein!« schrie er. »Nein!«

Sie blickte ihn tief an, um zu ergründen, ob er seinen Sinn nicht doch noch ändern werde. »Bitte, Victor.«

»Nein.«

»Victor!« rief sie, »du weißt nicht, was für Folgen dein Entscheid haben wird. Du kennst mich nicht. Bitte, Victor! Du kannst es nicht ahnen. Weshalb willst du dein Leben wegwerfen? Tu es nicht, Victor! Ich flehe dich an, tu es nicht.«

Dumpf sagte er: »Ich habe seit langem darüber nachgedacht, Mordeen, wenn ich in meiner Schlafkoje lag und dich lachen und Pläne machen hörte mit Joe Saul. Kannst du dir vorstellen, was für Ge-

fühle ich dabei hatte? Mordeen, und wenn mein
Entschluß die Gewißheit meines morgigen Todes
nach sich zöge, ich würde ihn nicht ändern. Du
mußt mit mir kommen.«

»Bist du so sicher, Victor? Gibt es keine andere
Möglichkeit? Kannst du mir nicht zum mindesten
etwas Zeit lassen? Bitte, Victor – Zeit!«

»Nein«, erwiderte er. »Ich kann nicht mehr zurück. Ich bin in einem dunklen, engen Tunnel und
kann nicht mehr umkehren.«

Sie schaute ihn mit einem langen Blick an, und
ihre Augen füllten sich mit Tränen. Sie beide sahen
nicht, daß Freund Ed auf der Schwelle der Tür
stand und sie anschaute. Die dunkelblaue Kapitäns-
uniform verbarg seine Gestalt im Halbdunkel.

Mordeen schüttelte langsam den Kopf. »Also habe ich keine Wahl?« fragte sie.

»Nein, du hast keine Wahl. Hole deinen Mantel.
Das ist das einzige, was du von hier mitnehmen
sollst. Das übrige soll neu sein, alles.«

Sie seufzte tief auf. »Weißt du nicht, daß ich dich
töten werde, Victor?«

»Mach schnell«, sagte er. »Nur den Mantel noch.
Ich will nichts weiter sehen von dem alten Leben.«

Sie schaute ihn schweigend an, und in ihren Augen reifte ein Entschluß. Sie trat zum Kleiderstän-
der und nahm einen langen, grauen Mantel herunter.

»Victor«, sagte sie, »willst du so gut sein und
mein Köfferchen holen, das unter meinem Bett
steht?«

»Was für ein Köfferchen?« fragte er argwöhnisch.
»Ich will nichts aus diesem Leben mitnehmen.«

Sie wandte sich ihm zu. »Es ist für das Kranken-
haus«, sagte sie. »Ich habe es schon vor Wochen
gepackt.«

Er zögerte.

»Hole es, Victor«, sagte sie.

Er ging zur Tür, und als er dahinter verschwunden war, trat sie rasch vor die Trophäen an der Wand, zog ein kurzes, kräftiges Messer aus seiner Scheide und verbarg es in den Falten ihres Mantels. Und jetzt erblickte sie Freund Ed, der in der Tür stand und langsam den Kopf schüttelte. Sie blieb wie angewurzelt mit offenem Munde stehen.

Victor kam aus der Schlafkoje zurück, das Köfferchen in der Hand. Nun sah auch er Freund Ed. Er ließ das Köfferchen zu Boden fallen und trat rasch auf ihn zu.

»Was zum Teufel willst du hier?« fragte er.

Aber Freund Ed blickte an ihm vorbei zu Mordeen. »Einstmals wollte ich dir nicht helfen«, sagte er. »Ich wollte die Verantwortung nicht auf mich nehmen. Jetzt aber will ich es.«

»Hinaus mit dir!« rief Victor.

»Schweig!« entgegnete Freund Ed.

Mordeen sagte: »Ich tue alles selbst. Ich brauche deinen Beistand nicht.«

»Aber du hast ihn«, antwortete Freund Ed. »Ob du willst oder nicht. Du hast ihn.«

»Hände weg!« brüllte sie ihm zu. »Hände weg von dieser Sache! Was ich begonnen habe, führe ich auch zu Ende.«

»Ich habe Abfahrtsbefehl«, erwiderte er. »Um Mitternacht steche ich in See. Ich kam, um Lebewohl zu sagen.« Er schaute Victor an. »Komm mit mir auf Deck«, sagte er. »Ich habe eine Botschaft für dich.«

»Sag sie hier«, forderte er barsch.

»Nein, sie ist geheim. Komm!« Er drängte Victor mit sanfter Gewalt zur Tür hinaus, und die beiden verschwanden in die Nacht.

Mordeen stand wie erstarrt da, die Augen von Furcht geweitet. Sie wartete auf das, was sie voraussah – dann kam der dumpfe Schlag, der ausgestoßene, klagende Schrei und einen Augenblick später das kleine Aufplatschen. Sie schauerte zusammen.

Noch immer starrte sie vor sich hin, als Freund Ed schon wieder herein kam. Er trat vor sie hin, nahm ihr sanft das Messer aus der Hand und steckte es in seine Scheide zurück. Dann ging er wieder zu ihr, faßte sie beim Arm und führte sie zu einem Stuhl, in den sie sank.

»Wo ist Joe Saul?« fragte er. »Ich wollte ihm Lebewohl sagen.«

Sie riß sich aus der Erstarrung. »Er war nicht schlecht, Freund Ed. Er war nicht schlecht.«

»Ich weiß«, antwortete er.

»Ich kann nicht denken«, stöhnte sie. »Sie kommen. Die Wehen kommen.«

Da stand Joe Saul in der Tür, mit gespreizten Beinen und hängenden Schultern; sein Kinn war hart vor Zorn, und seine Augen sprühten vor Wut. Mordeen machte eine Bewegung ihm entgegen. Dann aber sah sie seine harten Augen, die durch sie hindurch und an ihr vorbeischauten und zog sich eingeschüchtert auf die Kiste unter den herabhängenden Mänteln zurück, als wollte sie sich verbergen.

Freund Ed rief ihm zu: »Ich habe nach dir Ausschau gehalten. Ich habe Abfahrtsbefehl. Um Mitternacht steche ich in See. Was ist geschehen mit dir, Joe Saul? Hast du getrunken?«

»Getrunken? Nein!« schrie er in seiner Wut. »Ich bin ein kranker Mensch. Das ist es. Ich bin krank!«

Verzweifelt sagte Freund Ed: »Du warst bei Dr. Zorn.«

96

»Ja, ich war bei ihm. Ich war dort. Ganz allein und von mir aus bin ich hingegangen. Niemand hat mich darum gebeten. Verdammt noch einmal, niemand hat mich darum gebeten.«

Hoffnungslos schaute Freund Ed ihn an. »Du warst bei Dr. Zorn. Du weißt es jetzt.«

Mordeen wand sich in lautloser Pein.

Joe Sauls Blick wurde unsicher. Er mied die Augen von Freund Ed. Auch Mordeen wagte er nicht anzuschauen. »Es handelt sich um mein Herz. Dr. Zorn sagt, ich hätte ein krankes Herz. Ich – ein krankes Herz. Nur ein einziges Mal bin ich krank gewesen als Knabe. Davon kommt es.«

Freund Ed sprach zu Joe Saul, als sei er ein Kind: »Ach, und ist es gefährlich?«

»Gefährlich«, fuhr Joe Saul auf. »Er sagte, ich dürfe nur leichte Arbeit tun. Leichte Arbeit tun – ich!«

Da setzte sich Freund Ed auf einen der Drehstühle am Tisch und lachte und lachte. »Was hast du dagegen? Ist vielleicht gar nicht so schlecht, nur leichte Arbeit zu tun. Mir gefiele es ausgezeichnet. Da hast du mehr Zeit für das Kind.«

Boshaft sagte Joe Saul: »Mr. Victor hat, denke ich, inzwischen so ziemlich alle Bücher gelesen – er kann jetzt auch etwas Arbeit übernehmen.«

Mordeen bedeckte das Gesicht mit den Händen.

Freund Ed sagte: »Laß Victor aus dem Spiel, er ist nicht da.«

Aber Joe Saul fuhr achtlos fort: »Eines Tages wird er Kapitän eines großen Linienschiffes sein mit Damen an Bord und einer Offiziersmesse, und er wird bei jeder Schicht höchstens einmal auf die Brücke gehen müssen, nur um nachzusehen, ob alles in Ordnung ist – aber das Meer ist nicht in ihm, ist nicht sein Element. Für ihn wird das Schiff ein

97

großes Hotel sein, so groß vielleicht, daß es gar nicht umzuwenden braucht, wie eine Fähre.«

»Hör auf damit!« rief Freund Ed. »Schimpfe nicht auf Victor.«

Aber Joe Saul sprach scharf weiter: »Seit Menschengedenken sind wir Seeleute. Kaum hatte sich die Welt aufgetan, als wir auch schon in ausgebrannten Baumstämmen von einem Ort zum anderen schifften, und das Gefühl für die Küste war in uns. Dann schossen wir mit Binsensegeln an grob verknüpften Masten über die Wasser und hielten der Welt ein kleines Licht hin, auf daß wir nicht angefahren würden in der Dunkelheit. Wir machten lange Kurven, um gegen Winde und Strömungen aufzukreuzen. Wir fuhren von einer Küste zur anderen, von Sidon nach Cornwall, von Karthago zum Cap der Guten Hoffnung. Und dann – ganz zaghaft erst – wagten wir uns hinaus in die Schwärze, krochen blind hinaus und entdeckten, daß sie gar nicht schwarz, sondern eine andere, neue, lichte Welt war. Am Rollen und Knirschen, am Geruch, an der Form des Vogelzuges, am braunen Schlamm in der See, an dahintreibenden Gräsern oder an einem erschreckten Heringszug erkannten wir, wie es um Erde und Wetter stand.«

Rasch warf Freund Ed ein: »Du lügst doch nicht etwa, Joe Saul?«

Aber bitter fuhr Joe Saul fort: »Mr. Victor ist ein rechter Kerl, und wenn er sich nicht auskennt, schaut er in ein Buch. Aber er sieht nicht ohne Augen und hört nicht ohne Ohren. Als wir in den Hafen einfuhren, hätte er beinahe ein Flachboot gerammt, weil seine Hand nicht herumschwenkte. Er mußte erst denken, und um ein Haar hätten wir das Flachboot entzweigeschnitten. Aber ich war da. Vielleicht werde ich von jetzt an nicht mehr da sein.

98

Vielleicht bin ich das nächste Mal in meiner Koje, ein kranker Mann, und auf der Brücke steht Mr. Victor. Und ich bin derjenige, der ein Geschenk machen wollte, das Geschenk der vollkommenen Gesundheit – ein Weihnachtsgeschenk.«

Freund Ed stand auf, trat zum Herd und wärmte sich einen Augenblick lang die Hände, während er nachdachte. Und plötzlich faßte er einen Entschluß. Im Vorbeigehen streichelte er Mordeens Schulter und stellte sich dann hochaufgerichtet vor Joe Saul auf. »Du hast mich angelogen, Joe Saul. Ich erinnere mich keiner Gelegenheit von früher, bei der du es nötig gehabt hättest, mich anzulügen. Und ich würde dich gerne weiterlügen und die häßliche Wahrheit nur allmählich herauskommen lassen, aber wir haben keine Zeit. Um Mitternacht sticht mein Schiff in See. Also laß die Lüge fahren!«

»Welche Lüge?« fragte Joe Saul.

»Du weißt genau, welche Lüge. Dein Herz. Das ist es ja gar nicht, Joe Saul, und du weißt es genau. Nachdem du dir so viel Mühe gemacht hast, die harte, eisige Tatsache auszugraben, bist du schließlich auch verpflichtet, ihr ins Gesicht zu schauen. Und wenn ich dir helfen soll, wie es mein Recht und meine Pflicht ist, dann muß ich dir zu dieser Wahrheit verhelfen. Sprich sie aus, Joe Saul, nenne sie, verdammt noch einmal, nenne sie!«

Joe Saul schauderte, sein Brustkasten fiel ein, und er setzte sich schwer auf einen der Drehstühle. Vergeblich suchte sein Mund nach Worten. Schließlich sagte er: »Ich habe es mir erzwungen. Dr. Zorn wollte es mir nicht zeigen. Ich habe ihn gezwungen, er mußte es mir zeigen. Ich war halb verrückt vor Macht und Freude. Ich sagte ihm, ich würde zu einem anderen Arzt gehen, wenn er es mich nicht ansehen ließe. Und da durfte ich schließlich ins Mikroskop schauen.«

Mordeen stand auf und zog den Mantel enger um den Körper. Freund Ed warf ihr einen Blick zu und stellte sich dann so hin, daß er mit seiner Gestalt die ihre vor Joe Saul verbarg. Dann sagte er: »Für einen Dummkopf ist eine angenehme Lüge gerade gut genug. Dich aber habe ich für klüger gehalten. Wärest du klüger, so könnte dir die Wahrheit zum Segen werden.«

Joe Saul fuhr fort: »Ich habe ihn gezwungen, es mir zu zeigen. Und dann blickte ich auf die Platte – so groß wie ein Bullauge sah sie aus und blendete zuerst vor lauter Licht. Ich drehte an einem Knopf, und da waren sie. Ich sah sie – geschrumpft, gekrümmt und tot, lauter Samenleichen, lauter Leichen. Oh, mein Gott!« Joe Saul bedeckte die Augen mit den Händen.

Freund Ed trat hinter seinen Freund und beugte sich voller Mitleid über ihn. Er versuchte zu denken. »Ich habe nicht mehr viel Zeit«, sagte er. »Was kann ich für dich tun, Joe Saul?«

Joe Saul sagte hinter seinen Händen: »Was kann man tun? Es ist vorbei. Meine Linie, mein Blutstrom, der ganze Zug von altersher ist unterbrochen. Ich muß nur noch ein wenig warten, dann sterbe ich.«

Freund Ed seufzte. Er blickte in Mordeens Richtung nach Hilfe aus und entschloß sich dann für den harten Zugriff.

»Was tust du da, Joe Saul?« rief er barsch. »Nimm die Hände weg. Hör auf, dich in das Dunkel hinter deinen Fingern zu flüchten. Das Leben draußen geht weiter. Was wirst du tun? Was wirst du denken? Ich habe nicht mehr viel Zeit.«

Joe Saul hob den Kopf. »Ich habe nicht viel Zeit zum Denken gehabt«, sagte er.

»Dein ganzes Leben lang hast du Zeit gehabt, nachzudenken. Aber du hast es nicht gewagt.«

Nun spülte eine Welle von Wut über Joe Sauls Körper und Geist. »Umbringen werde ich ihn«, sagte er heiser. »Auf der ganzen Welt ist kein Platz für ihn, wo er leben darf, er, der weiß und hohnlächelt, vielleicht niemals davon spricht, aber doch immer weiß. Ich kann es nicht dulden, daß dieser Mensch auf der gleichen Welt lebt wie ich.«

»Laß Victor aus dem Spiel, vergiß ihn! Und wie steht es mit Mordeen?« fragte Freund Ed.

Joe Saul fletschte die Zähne und schaute gegen die Wand. »Ich kann diesen Verrat nicht in mein Denken einlassen. Ich spüre: wenn ich sie anschaue oder auch nur eine Sekunde lang an sie denke, tut sich ein gräßlicher Abgrund auf, und meine Hände krallen sich um ihren Hals. Laß ab davon, mich zu quälen, Freund Ed! Höre auf damit!« Und wieder bedeckte er das Gesicht mit den Händen, und sein ganzer Körper zuckte. »Auf der weiten Welt ist kein Platz für mich, wo ich leben dürfte«, sagte er.

Mordeen schleppte sich zu dem großen Stuhl und verbarg sich darin.

Da fuhr Freund Eds Stimme wie der Schlag einer nassen Reitpeitsche nieder auf Joe Saul. »Steh auf, du schmutziger Feigling! Steh auf, oder, bei Gott, ich schlage dich sitzend zu Boden! Steh auf!«

Bestürzt über diesen Wutausbruch schaute Joe Saul ihn an und erhob sich langsam. »Was heißt das, Freund Ed?«

»Nichts von Freund. Bis hierher bin ich mitgegangen, und keinen Schritt gehe ich weiter. Was ist denn so besonderes an deinem kriechenden, winselnden Ich, daß es sich so wichtig nimmt? Wie kann dein lächerlich nichtiges Selbst es wagen, so etwas Schönes zu zerstören? Habe ich denn mein

Leben dazu verschwendet, einem wimmernden Unflat Freund zu sein?«

»Freund Ed, was sagst du da? Verstehst du denn nicht?«

»Oh, ich verstehe sehr wohl. Ich verstehe, daß dir eine Herrlichkeit gereicht wird, und du sie anspeist, daß dir die Gabe einer solchen Liebe dargeboten wird, wie kaum ein Mensch je zuvor eine erfahren durfte, und du bewirfst sie mit der Säure deines Stolzes, deiner üblen, verrückten Wichtigtuerei.«

»Freund Ed, Freund Ed, verstehst du denn nicht? Es ist nicht mein Kind, kann das meine nicht sein.«

»Es ist dein Kind, mehr als du imstande bist, es dir in deiner kranken Seele vorzustellen. Seele? Ich frage mich, wie es um deine Seele bestellt ist. Und ich glaube, ich weiß es – sie sieht aus wie jener tote, eingeschrumpfte Samen.« Freund Eds Stimme warf sich so gegen Joe Saul, daß dieser die Hand hob, als müsse er sich vor einem Schlag schützen.

»Sie schenkt dir ein Kind – das deine – damit es dein eigen sei. Ihre Liebe zu dir ist so groß, daß sie etwas tun konnte, das ihr fremd und zuwider war, und doch beschmutzte sie sich damit nicht. Sie umgab sich mit Liebe und Schönheit, um dir Liebe und Schönheit zu reichen. Wie blind mußte sie gewesen sein, daß sie solch einen Narren wie dich lieben konnte, einen so gemeinen Narren.«

»Aber warum hat sie es mir nicht gesagt? Warum mußte ich selbst dahinterkommen . . .«

»Weil du es nicht hättest hinnehmen können. Weil du in deiner Kleinheit nicht die Güte gehabt hättest, diese Gabe zu empfangen. Du kannst nicht leben, weil du noch nicht einmal einen Blick auf das Leben geworfen hast. Du zertrümmerst die Lieblichkeit an den Felsen deines schmutzigen Stolzes.

Ob du das je begreifen wirst, das bezweifle ich.«
Hoch aufgerichtet stand Freund Ed jetzt vor Joe
Saul. Plötzlich und ohne die geringste Warnung
schlug er ihm mit der offenen Hand ins Gesicht,
und seine Züge trugen den Ausdruck tiefster Verachtung.

Joe Sauls Augen weiteten sich. Langsam hob er
die Hand und berührte die sich rötende Wange.
Dann beschaute er seine Finger. Sein Körper sank
langsam in den Stuhl zurück, aber seine vor Staunen, Verwirrung und Leid groß aufgerissenen Augen ließen nicht ab von Freund Eds Gesicht.

Und Freund Eds Mund zitterte, und seine Augen
waren voll Trauer. Er kniete neben dem Stuhl nieder und schlang die Arme um Joe Sauls Schultern.
»Ich habe dir gegeben, was ein Freund geben kann
– selbst Verachtung, und das war das schwerste von
allem. Töten ist leicht im Vergleich damit.« Und er
fügte hinzu: »Du hast nicht gehört, was ich dir gesagt habe. Ich fahre um Mitternacht ab. Ich habe
alles getan, was ich konnte – alles. Von jetzt ab
wirst du allein sein auf deinem eigenen, besonders
dunklen Ozean. Vielleicht braucht deine Seele, um
ihre kleine Ganzheit zu erhalten, die Zerstörung aller Schönheit ringsum. Aber ich habe immer geglaubt, sie werde sich mutiger verhalten, Joe Saul.
Leicht ist es zu geben, aber nur große Menschen
haben den Mut, die Freundlichkeit und, ja, die
Großzügigkeit, anzunehmen.«

Joe Saul mied Freund Eds Blick, schaute verwirrt
zur Seite und schloß dann die Augen.

Freund Ed fuhr fort: »Von jetzt ab bist du allein.
Ich weiß nicht, was du tun, was du denken wirst.
Aber ich kann nicht glauben, mir nicht vorstellen,
daß ich mein Lebtag lang der Freund eines Engher-
zigen gewesen sein sollte.«

Joe Sauls Blick schweifte ins Weite und kehrte wieder zurück. »Verlaß mich nicht, Freund Ed! Um Himmelswillen, laß mich nicht allein! Ich fürchte mich. Ich weiß nicht, was ich tun soll.« Inständiges Flehen lag in seiner Stimme. »Laß mich nicht allein!«

Leise sagte Freund Ed: »Ich sagte dir doch, ich habe Abfahrtsbefehl. Ich muß fort.«

»Ich fürchte mich. Ich weiß nicht, was ich tun soll.«

»Ich weiß auch nicht, was du tun sollst, Joe Saul. Ich kann nur hoffen, ein Stück Größe stecke in dir. Man sagt, Krüppel besäßen die Kraft des Ausgleichs, die sie stärker als die Stärksten macht. Ich wünsche mir dringend, du mögest wissen und wirklich erfassen, daß du der aus tiefer Liebe gewählte Gatte und Vater bist. Die Gabe, die du empfangen durftest, geht weit über das hinaus, was die meisten Menschen sich in ihren kühnsten Hoffnungen erträumen. Nicht das ist deine Aufgabe, dich im Erklären oder Entschuldigen zu üben. Du sollst, du mußt in deiner verkrüppelten Seele nach der Güte suchen, nach der Großmut, die dich befähigt, anzunehmen.«

Joe Saul betrachtete ihn voller Staunen: »Bist du auch sicher, daß das wahr ist, Freund Ed?«

»Ich bin sicher – oh, ich bin sicher. Aber du – wenn du noch Sicherheit brauchst, dann hast du noch einen langen, zwielichtigen Weg zurückzulegen.«

Joe Saul erwiderte: »Ein neuer, ein mir völlig unbekannter Weg ist dies. Ich weiß nicht, ob ich ihn allein finden werde.«

»Nur allein wirst du ihn finden. Komm, Joe Saul, sage mir Lebewohl. Wünsche mir Gutes, der fern sein wird auf See, und dir selbst – der auch fern sein wird. Komm, Joe Saul, tue den ersten Schritt. Komm, Joe Saul!« Seine Hand übte einen kleinen Druck auf Joe Sauls Schulter aus und zwang ihn beinahe, aufzustehen. Dann nahm er Joe Sauls Käppi vom Tisch, setzte es ihm auf den Kopf, rückte es zurecht und schloß die beiden obersten goldenen Knöpfe von Joe Sauls Uniform.

Stockend sagte Joe Saul: »Freund Ed . . .«

»Still. Du mußt dich selbst hindurcharbeiten. Du mußt es tun – allein.«

Er schob Joe Saul hinaus und blieb mit ihm am Geländer stehen. Dann kam er zurück, hielt an der Schwelle an, schaute Mordeen in die Augen und verneigte sich tief in Ehrfurcht und Liebe. Danach ging er rasch fort. Joe Saul starrte ihm nach.

Mordeen erhob sich und trat zur Tür. Da wurde sie von einem Krampf erfaßt, der sie schwanken machte; ein zweiter zwang sie in die Knie. Sie mühte und krümmte sich auf dem Boden und stieß schließlich den heiseren Schrei der Kreißenden aus.

Joe Saul eilte herein. »Mordeen!« schrie er. Er sah, wie sie sich auf dem Boden wand, stürzte zu ihr und drückte sie an die Brust. Dann hob er den Kopf und brüllte: »Mr. Victor! Mr. Victor, schnell, Herrgott, Herrgott, Victor, schnell, zu Hilfe!«

III. Akt, Zweite Szene

Das Kind

Der schmale, viereckige Raum war weiß, unpersönlich, schmucklos, ein kleines, steriles Geviert mit einer großen Tür an der einen Seite. In der Mitte befand sich ein hohes Krankenbett, daneben ein Nachttischchen, auf dem ein Wasserbecher mit einem Glasröhrchen stand. Der Raum war verhängt und still, einsam und abgeschnitten von aller Welt.

In dem Bett lag Mordeen. Das Haar hing ihr über die Kissen herab. Ein stummes, zugedecktes Bündel ruhte neben ihr. Sie trug einen Gazeverband um das Gesicht und lag ganz still, aber ihr Atem ging schwer, ihre Brust hob und senkte sich stoßweise und mühte sich, der Lunge einen Zug reiner Luft zuzuführen. Dann drehte sie langsam den Kopf von einer Seite zur andern, murmelte und stöhnte und kämpfte sich heraus aus der Tiefe der narkotischen Betäubung.

Die große Tür tat sich auf, und er stand auf der Schwelle. Er trug eine Kappe und einen langen weißen Mantel. Das Gesicht steckte hinter der weißen Maske des Chirurgen, die nur die Augen frei ließ. Leise trat er an das Bett und schaute hinunter auf sie, die im Schein des schwachen Nachtlichtes lag. Dann blickte er auf das verhüllte Bündel neben ihr. Und zärtlich zog seine behandschuhte Rechte die Decke ein wenig zur Seite.

»Mordeen!« sagte er leise.

Als habe sie ihn gehört, tat sie einen tiefen Atemzug und drehte den Kopf wieder von einer Seite zur andern. »Tot«, flüsterte sie. »Tot – die ganze Welt – tot – Victor tot.«

Er sagte: »Nein, Mordeen, nicht tot – hier und lebendig.«

Heftig warf sie den Kopf herum und wimmerte: »Freund Ed, ich habe es mir so gewünscht – ich habe es mir so gewünscht, ihm sein Kind zu geben. Aber es ist tot. Alles ist tot.«

»Höre mir zu, Mordeen«, sagte Joe Saul. »Es ist hier neben dir und ruht aus. Es hat eine große Anstrengung hinter sich und schläft jetzt – ganz verrunzelt und müde ist es und hat so weiche Haare . . .« Er schaute es an. »Und einen Mund – einen so süßen Mund – wie der deine, Mordeen.«

Sie schlug die Augen auf und versuchte sich hochzurichten. »Joe Saul, wo bist du? Joe Saul? Warum bist du fortgegangen? Wohin bist du gegangen?«

Er drückte sie sanft in die Kissen zurück, entnahm dem Nachttischchen ein Tuch und trocknete ihr damit die feuchte Stirn.

»Ich bin hier, Mordeen, nicht fort. Oder wenn ich fortgegangen war, so bin ich doch zurückgekommen. Ich bin hier.«

Sie murmelte: »Wer ist tot? Ist Joe Saul tot?«

»Hier bin ich doch«, erwiderte er. »Im Wahn bin ich fortgegangen, aber jetzt bin ich zurückgekommen.«

»Vielleicht wird er es nie erfahren«, flüsterte sie geheimnisvoll. »Vielleicht wird er es nie vermuten. Vielleicht wird Joe Saul nun zufrieden sein.« Die Brust zog sich ihr zusammen, so daß sie kaum atmen konnte.

Er trocknete ihr die Stirn, bis der Krampf vorüber war. »Ruhe aus«, sagte er. »Ich weiß jetzt, und ich weiß noch mehr. Ich weiß, daß das, was ich die reine, klare Linie nannte, nicht von Wichtigkeit ist. Mordeen, ich dachte, fühlte, glaubte zu wissen, mein eigener Same sei wichtiger als alle anderen auf der Welt. Ich dachte, dieser Same sei das, was ich zu geben habe. Dem ist nicht so. Ich weiß es jetzt.«

Sie fragte: »Bist du Joe Saul? Gesichtlos – nur eine Stimme und eine weiße Gesichtlosigkeit?«

»Ich glaubte, mein Blutstrom dürfe nicht unterbrochen, meine Linie müsse fortgeführt werden, aber dem ist nicht so. Meine Erfahrung, ja – die langwierige Erfahrung, das ist etwas, dessen man eingedenk sein, das man wiederholen muß, der Stolz, ja, der Stolz und die Wärme, Mordeen, die Wärme, das Gemeinschaftsgefühl und die Liebe, das alles muß weitergegeben werden, damit wir nicht immer die Einsamkeit wie ein eisiges Gewand um uns tragen. Und das habe ich zu geben.«

»Wo ist dein Gesicht?« fragte sie. »Was ist deinem Gesicht widerfahren, Joe Saul?«

»Ach, dieses Gesicht, es ist nicht wichtig. Die Augen, die Nase, die Form des Kinns – ich dachte, es sei wichtig, dies zu erhalten, weil das alles mein war. Dem ist nicht so.

Die Rasse, die Art ist es, die fortgepflanzt werden muß, Mordeen, unsere häßlichen, kleinen, schwachen Wesen, die dem Wahn, der Gewalt, der Laune untertan sind, die einzigen Wesen, die vom Übel wissen und es tun, die einzigen, die Reinheit kennen und schmutzig sind, die Grausamkeit kennen und unerträglich grausam handeln.«

Sie versuchte, sich aufzusetzen, sich zu erheben. »Joe Saul, das Kind kam tot zur Welt.«

»Das Kind lebt«, erwiderte er. »Und das allein ist wichtig. Sei still, Mordeen. Liege ruhig und ruhe dich aus. Ich bin in eine Art von Hölle geraten und kam wieder hervor. Der Funke hält an – ein neues Wesen – das einzige Wesen seiner Art – das gekämpft hat ohne Stärke, als alle Gewalten, Sturm und Kälte, Blitz und Krankheit sich ihm entgegenstellten, das gekämpft und gesiegt hat, gesiegt sogar über den selbstmörderischen Instinkt.«

»Wo ist es?« fragte sie.

»Sieh her. Hier liegt es und schläft und belehrt mich. Unsere kostbare Menschenrasse, geboren ohne Mut und doch so tapfer, von flackerndem Verstand, aber mit Schönheit begabt. Welches Tier hat außer uns Schönheit hervorgebracht? Trotz all unserer Abgründe und Fehler lebt irgendwo in uns ein Glanz. Und das ist von allen Dingen das wichtigste. In uns ist ein Glanz.«

Jetzt klärten sich ihre Augen, und ihr Geist stieg herauf aus den grauen Ätherwolken. »Du bist Joe Saul«, sagte sie. »Du bist mein Mann – und du weißt?«

»Ich weiß«, erwiderte er. »In tiefe Dunkelheiten mußte ich gehen, um zu wissen – um zu erfahren, daß jeder Mann aller Kinder Vater ist, und daß jedes Kind alle Männer zum Vater hat. Dies hier ist nicht ein Stück privaten Eigentums, eingetragen, beschützt und abgesondert. Mordeen, dies ist *das Kind*.«

Mordeen sagte: »Sehr dunkel ist's hier. Drehe doch das Licht an. Laß es hell sein. Ich kann dein Gesicht sonst nicht sehen.«

»Licht«, erwiderte er. »Du willst Licht haben? Ich werde dir Licht geben.« Und er riß sich die Maske vom Gesicht, und sein Gesicht leuchtete, und seine Augen leuchteten.

»Mordeen«, flüsterte er, »ich liebe das Kind.«

Seine Stimme hob sich, und er sagte laut: »Mordeen, ich liebe unser Kind.« Und dann hob er den Kopf und rief in hellem Triumph: »Mordeen, ich liebe *meinen* Sohn.«

JOHN STEINBECK
Drei seiner großen Romane der Weltliteratur.

JENSEITS VON EDEN
Roman, 672 Seiten, Leinen, DM 26,–

Dies ist eine große amerikanische Saga; sie umspannt die Zeit vom Bürgerkrieg bis zum Ersten Weltkrieg und spielt zuerst auf einer Farm in Connecticut, später in einem kalifornischen Tal. Steinbeck erzählt die Geschichte der aus Irland eingewanderten Familie Task; er charakterisiert mit einfühlsamer Meisterschaft die zwischenmenschlichen Beziehungen, die zwischen dem Vater Adam, seinen Zwillingssöhnen Aron (Abel) und Caleb (Kain) sowie deren Mutter, der schönen, aber lasterhaften und gewissenlosen Cathy, bestehen.
Ein Roman, der auch in der Verfilmung – mit James Dean in der Hauptrolle – ein Welterfolg wurde.

VON MÄUSEN UND MENSCHEN
Roman, 208 Seiten, Ln., DM 16,80

Dieser 1937 erschienene Roman spielt während der Depression und führt in ein Milieu, mit dem sich Steinbeck seit seinen eigenen Erfahrungen als Wanderarbeiter in Kalifornien immer wieder beschäftigte: dem Milieu der heimatlosen, von einer Arbeitsstelle zur anderen ziehenden, ungeschulten Erntehelfer.

DIE STRASSE DER ÖLSARDINEN
Roman, 272 Seiten, Leinen, DM 19,95

Das ist eines der großen Werke der Weltliteratur – ein pikaresker Unterhaltungsroman. »Das nostalgische Lob einer nonkonformistischen Idylle.«
Kindlers Literatur Lexikon.

DIANA VERLAG ZÜRICH